Bernd Kestler
marls knitting
ベルンド・ケストラーの
マーリング編み
2本、3本、4本の糸を
引き揃えて色を変化させる

What is Marling?

はじめに

　この本を作るのはとても楽しかったです。私はもう何年もマーリングを使っており、本を作る過程でデザインにマーリングを使うことがどんどん増えていきました。最終的にはあまりにもたくさんありすぎて、この本にすべてを収めることはできませんでした。マーリングには無限の可能性があります。一度始めると、やめられません。

　マーリングは、異なる色の糸を2本以上撚り合わせて編む興味深い技法です。マーブル模様やまだら模様のユニークな生地が出来上がります。見た目にも興味深いテクスチャーと色のブレンドが生まれ、編み物に深みと個性が加わります。マーリングは比較的簡単に編むことができるため、初心者はもちろん、新たな美的可能性を追求している経験豊富なニッターにも最適です。

　マーリングは、余った糸を組み合わせて新しい洋服を作るという伝統的な編み物から生まれました。近年、マーリングはその創造的な可能性と独特の見た目や手ざわりにより、編み物コミュニティーで人気となっています。

　この本が皆様のインスピレーションとなり、美しい作品を作るための新しいアイデアの源となることを願っています。
　この本の作成に協力してくださった皆様に感謝します。

Happy Knitting

Bernd Kestler

Contents

はじめに **2**

マーリングとは **6**

いろいろなマーリング **7**

マーリングのグラデーション **9**

色について **10**

色以外での見え方の違い **12**

編み地の見え方 **14**

糸 **16**

道具 **17**

Banana Socks 18
Banana Hat 20
Banana Shawl 22
Spiky Bag 25
Stripy Snood 28
Pelerine 30
Onigiri Snood 32
Frill Shawl 34
Prism Shawl 37
Lace Basket Shawl 40
Zigzag Shawl 42
Hanabira Scarf 44
All in One 46
Lacy Rib Poncho 48
Top Down Sweater 50
Sweat Pants 52

マーリングのアイデア 55
マーリングの基本 56
針の号数の出し方 56
伸縮性のある作り目 57
プリズムショールの編み始め 58
ジグザグショールの編み始め 59
ポンポンの作り方 62

作品の編み方と作り方 63

Introduction to Marling in Knitting

マーリングとは

マーブル模様を作るには、2つ以上の糸を一緒に持ち、1本の糸のように編むだけです。
糸の色の組み合わせは、大胆でドラマチックな編み地を作るコントラストの高い組み合わせから、より落ち着いて洗練された印象になる繊細な単色の色合いまでさまざまです。
編み物の質感や重さは、使用する糸の種類と太さによって異なります。

▶毛糸の選び方

色の選択

選ぶ色は、マーブル模様に大きく影響します。コントラストの強い色は鮮やかで目を引きますが、同系色はよりシームレスに混ざり合い、繊細な効果を生み出します。たとえば、明るい赤の糸と濃い青の糸で編むと強いコントラストが生まれ、グレーの濃淡を組み合わせるとニュアンスのある優しいマーブル模様が生まれます。

糸の選択

異なる種類の糸を混ぜると（例えばスパイキーバッグのように、滑らかなウールとふわふわのモヘア）、興味深い質感になります。異なる糸が組み合わさることで新たな糸になり、編み地に深みが加わります。

ゲージの選択

一般的には同じ太さの糸を使用するのがよいと言われていますが、異なる糸を試してみるのはいかがでしょう。これにより、ユニークな質感と効果が生まれます。ただし太さが異なる糸を組み合わせると、ゲージが一定にならず難しいこともあります。

▶マーリングのメリット

余り物のクリエイティブな活用

マーリングは、余った糸を使い切るのに優れています。

視覚的なおもしろさ

マーリング効果により、基本的なステッチがよりおもしろく、楽しく見えます。

編みやすさ

色を使うほかの編み物と比べて、マーリングは高度な技術を必要としないので、あらゆるレベルのニッターにとって簡単に編むことができます。

カスタマイズ

色と糸の組み合わせは無限にあるため、ニッターそれぞれが本当にユニークな作品を作ることができます。

▶実用的なヒント

糸の張り

糸の張りを均一にすることは、均一な編み地を作るために重要です。不均一だと、風合いや見た目にばらつきが出ることがあります。

見本編み（スワッチ）

編み始める前に、必ず見本編みを編んでください。これにより、色の混ざり具合や編み地の感触を確認することができます。見本編みをもとに、針のサイズを変更したり、糸のひとつを交換してよりよい組み合わせにしたりといった調整を行うことができます。

作品のアイデア

マーリングは用途が広く、ショール、スカーフ、帽子、セーター、さらにはパンツなど、幅広い作品に使用できます。質感と色がポイントとなる作品には特に効果的です。

パターンの選択

マーリングで編むと、ほとんどの場合、複雑なパターンは色の後ろに隠れてしまいます。メリヤス編み、ガーター編み、かのこ編みなどのシンプルなパターンは、マーリングにはとても合っています。実際の糸の色の組み合わせで、使用したいパターンを必ずテスト編みしてください。

21ページのバナナ帽子は6色の糸からできています。
4本ずつの引き揃えで、1本ずつ色を変えて編み進めます。

いろいろなマーリング

マーリングの組み合わせはたくさんあります。ここでは代表的な変化のしかたをご紹介します。
ぜひ自分の好きな色と糸で試してみてください。

1.
ベースになる1色は同じで、
組み合わせる色を変える
AB → AC → AD → AE → AF

カラフルな色合わせですが、ベースはグレー1色です。
グレーと引き揃える糸を順番にピンク、水色、黄色、
オレンジ、青と変えていきます。

2.
前の色を引き継いで
順番に変える
AA → AB → BC → CD

ひとつ前の色を残して1本ずつ色を変えていきます。
写真は3本の引き揃えなので、
AAA→AAB→ABB→BBC→BCC→CCCとなり、
2本よりも色の階調の幅が広くなります。

3.
色は変化しない

2本または3本に引き揃えた同じ糸で、色を変化させず
に編むのもマーリングです。変化はなくても、色の組み
合わせの楽しさがあります。

4.
いろいろな色を使う

色の変化の規則性は考えずに、どんどん色を自由に変えていきます。写真は糸の活用とカラフルさを楽しむために余り糸を使っています。白系の糸とカラフルな色を引き揃えています。

5.
いろいろな種類の糸を使う

色は同じで糸の種類を変えていきます。ベースに白の糸を使い、組み合わせるもう1本に変わった糸をどんどん取り入れて質感の違いを楽しむことができます。

6.
グラデーションの糸と
組み合わせる

マーリングで自分だけのグラデーションを作ることができますが、好みのグラデーションの糸がある場合はその糸をそのまま使うのもアイデアです。写真はベースのグレーにグラデーション(段染め)の糸を組み合わせました。グラデーション糸だけで編むよりも、引き揃えることでより複雑なおもしろさが生まれます。

マーリングのグラデーション

マーリングのおもしろさは色の変化にあります。その中でもわかりやすい色の変化がグラデーションです。グラデーションの変化のしかたを紹介します。

▶同系色の変化

紫から薄紫へと順に変化しています。糸は3本で、紫・紫・紫→紫・紫・薄紫→紫・薄紫・薄紫→薄紫・薄紫・薄紫です。同系色のグラデーションは落ち着いて見え、どんな作品にも使いやすいです。

▶違う色への変化

赤から水色へと変化しています。糸は3本で、赤・赤・赤→赤・赤・水色→赤・水色・水色→水色・水色・水色です。色の大きな変化があるので目を引きます。

Point

糸の揃え方

引き揃える2本の糸をどう揃えるのか。左の写真のようにグレーを左、オレンジを右に同じ位置をキープするのか、右の写真のように糸が自然に絡まった状態でいいのか気になるかもしれません。このような糸の揃え方でも編み地の見え方が変わります。左は完璧に揃えることは不可能ですが、どちらかの色の見える割合が多くなります。右は杢のようにランダムに色があらわれて自然な変化を楽しめます。糸の揃えを気にせずに編むのがおすすめです。

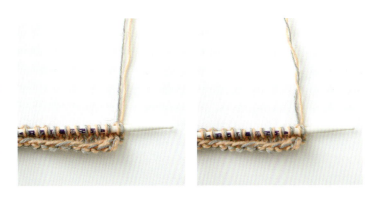

色について

絵の具のように糸も色の組み合わせで、単色で見るときとは色の見え方が変わってきます。

▶配色の効果
引き揃える糸のどのような組み合わせ方があるか考えます。

明暗
明るい色と暗い色の組み合わせで、コントラストの高い配色です。もっとも明るい白ともっとも暗い黒の無彩色の組み合わせがいちばんコントラストが高いと言えます。マーリングでは色が混ざるイメージになります。

同系色
色相環で隣あう色を選ぶとまとまりが出やすく、使いやすい配色になります。青系は落ち着いたイメージなどといった、単色と同様に色の持つイメージが強く出ます。単色と違って色の諧調があるので深みが出ます。

※色相環とは…光の波長の違いによって、連続して赤・橙・黄・緑・青・紫と変化して感じられる色を丸く配置したもの。色相とは色合いや色調のこと。

補色
色相の差が大きい色で、色相環では向かい合わせになる色同士のことです。お互いの色を目立たせて鮮やかに見せる効果があります。マーリングでもそれぞれの色がはっきりと見え、強い印象になります。

トーンを揃える
明度と彩度を合わせた色の感じ方、色の調子のことをトーンと言います。色が違っても同じトーンだとイメージが変わらないためにまとまりやすくなります。特にグレーはどの色とも合う色です。

▶組み合わせによる色の見え方の違い

同じ色でもどの色と引き揃えるかで色の見え方が変わってきます。絵の具のように色を混ぜる感覚で楽しんでください。

黄×グレー、黄×白

同じ黄色でも白の方が鮮やかに、グレーの方が落ち着いて見えます。

赤×黒～グレー～白

深い赤を黒、グレー、白の無彩色に合わせました。黒は赤の色がよりシックに、白はより明るく、グレーがもとの赤の糸色と変わらない印象です。

赤×青、赤×黄、青×黄

黄色と組み合わせた2つは、どちらも色の印象は変わりません。どちらも強い色である赤と青の組み合わせは色が沈んだ印象になります。

水色×白、赤紫×白、赤紫×水色

水色を比べると、赤紫と組み合わせた方がより水色が濃く、白の方が淡く見えます。赤紫は水色と組み合わせると落ち着いた印象に、白と組み合わせると鮮やかに見えます。

色以外での見え方の違い

色を変える以外に、見え方のヒントになることを解説します。

▶色の分量の違い

2色3本のマーリング

左は黒・黒・白、右は黒・白・白。
同じ黒と白の3本の引き揃えでも、その中の1本が黒か白かで色の比率が変わり、このように見た目が違います。

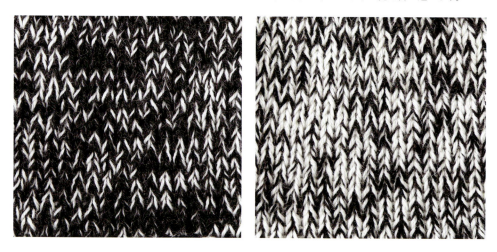

2色4本のマーリング

左は黒・黒・黒・白、中央は黒・黒・白・白、右は黒・白・白・白。
上の3本よりも本数が増えるほど微妙な色の変化を作ることができます。

3色4本のマーリング

左は黒・黒・白・赤、中央は黒・白・白・赤、右は黒・白・赤・赤。3色にすることでより複雑な色を表現できます。色の分量によって、同じ色を使っていてもイメージが変わります。

Point

マーリングのいちばんの特徴は、自分で色の変化をコントロールできることです。例えばグラデーションの糸を使ったとき、右の写真のように外にいくほど広くて糸をたくさん使うデザインの場合は、同じ色が外側は段数が少なく、内側は段数が多くなります。マーリングなら自分で色を組み合わせてグラデーションを作るので、好きな段数で編むことができます。編む段数、色の組み合わせ、変化のしかたを自分で決めて楽しむことができるのがマーリングです。

編み地の見え方

マーリングはどんなパターンでも編むことができます。
しかし糸の組み合わせによる色の効果で、せっかくのパターンが見えにくい場合があり、
複雑なパターンの方がいかせない傾向にあります。オレンジ×グレーで編み地がどう見えるか考えます。

メリヤス編み

模様のない編み地は色がきれいに見えます。杢のように色がまだらに出ます。

ガーター編み

横のラインで色が出て、刷毛目のようなおもしろさがあります。

かのこ編み

メリヤス編みよりも均等にオレンジとグレーの色が出ています。かのこ編みのパターンもしっかりわかります。

2目ゴム編み

1色で編むよりも縦のラインがわかりにくくなりますが、ゴム編みということはわかります。

模様 A

縦横のラインが色のモザイクに埋まってしまう印象です。せっかくのパターンがはっきりしません。

模様 B

互い違いになった縦模様がかろうじてわかります。写真よりも肉眼の方がもっと見えにくくなります。

模様 C

でこぼこ模様が写真では見えますが、肉眼では平面的でここまでの立体感がわかりにくくなります。

模様 D

模様Aと似ていますが、こちらの方がシンプルな立体感があるので縦ラインがわかりやすくなっています。

糸 この本に使っている主な糸をご紹介します。マーリングは糸を引き揃えて編むので、細い糸がメインになります。購入先は112ページに掲載していますので参考にしてください。

Puppy
1. キッドモヘアファイン　2. ブリティッシュファイン　3. パピーニュー2PLY
4. パピーニュー3PLY　5. パピーニュー4PLY　6. シェットランド

SCHOPPEL
1. クレイジーペアレン　2. ザウバーペアレン　3. ザウバーウォレ　4. ザウバーフラワー
5. ザウバーボール　6. ザウバーボールシュテルケゼクス　7. ザウバーボールクレイジー
8. アドミラール プロシャドウ　9. エディション3　10. エディション6
11. アドミラール ツィード ブント

ヤナギヤーン
1. 幸
2. 恋する毛糸 合太
3. 恋する毛糸 並太

ROWAN、Samba、saredo
1. ROWAN
　キッドシルクヘイズ
2. Samba
　サンバソウォ
3. saredo
　リサイクルドコットン

道具

この本で使っている主な道具をご紹介します。
針は日本は号数、海外はmm表記なので照らし合わせて使用してください。

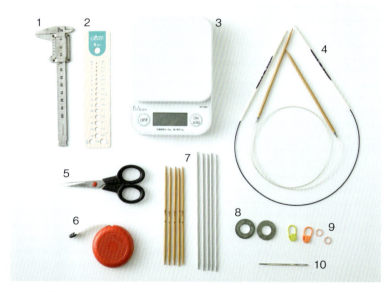

1. ノギス 針の太さを測るときに使います。 2. 棒針ゲージ 糸を引き揃えたときに何号の針を使うか照らし合わせます。 3. はかり 毛糸の使用量を計算するときに使います。 4. 輪針 自分の使いやすいものならどのメーカーでも大丈夫です。竹製は日本のクロバー、白はドイツのプリムの針。 5. ハサミ 糸を切るときに使うので、小さいものでOK。 6. メジャー ゲージや編んだものを測るときに使います。 7. 棒針（5本針） 輪針と同様、自分の使いやすいものならどのメーカーでも大丈夫です。竹製は日本のクロバー、シルバーはドイツのアディの針。 8. ワッシャー ポンポンを作るときに使います。厚紙で作ってもOK。 9. ステッチマーカー 目印として針や編み目に通して使います。 10. とじ針 とじたり、糸を通すときに使います。

針の号数とmm

日本は号数ですがヨーロッパではmmで針のサイズをあらわします。
必ずしも号数に対応するmmサイズの針があるとは限りませんので、近いサイズを選んで使用してください。

号数	0	1	2	3	4	5	6	7	8	9	10
mm	2.1	2.4	2.7	3	3.3	3.6	3.9	4.2	4.5	4.8	5.1

※例えば写真のプリムの針は3.5mmなので、日本の号数では5号を選びます。

Banana Socks
バナナソックス

かかとがないので編みやすいソックスです。
家のソファーで編み物をするときに
はいてみてください。
きっと好きになります。

How to make >> p.64

Banana Hat バナナ帽子

この冬はバナナ帽子でいかがでしょう。
ソックスと合わせるとすてきなセットになります。
ゆったりとしてとてもかわいい帽子です。
How to make >> p.66

Banana Shawl
バナナショール

バナナショールは実験的な試みでしたが、とてもうまくできました。
24ページのように2通りの巻き方ができて、とても実用的です。
マーリングに挑戦するときは、この作品から始めてみるとよいでしょう。

How to make >> p.69

Banana Shawl

Spiky Bag
スパイキーバッグ

このパターンは1840年に「パイナップルバッグ」を作るために考えられたものです。
大好きなパターンのひとつで、マーリングにするととてもスタイリッシュで楽しく見えます。

How to make >> p.72

Stripy Snood
縞模様のスヌード

スヌードはいろいろな使い方ができて
実用的なアイテムです。
3つのパターンと2つの色を使って
テクスチャーを作りました。

How to make >> p.76

Pelerine ペレリーヌ

この作品のアイデアのもとは、シンプルなVネックカラーです。
ペレリーヌのバリエーションをたくさん作ってみましたが、
この本では表目と裏目だけを使ったバージョンを掲載しています。
自転車に乗るときに使っています。

How to make >> p.78

Onigiri Snood

おにぎりスヌード

お気に入り作品のひとつです。
編みやすく、見た目もかっこよく、
とても便利。
毎年必ずひとつか2つは編みます。
友人へのプレゼントにも最適です。
How to make >> p.80

Frill Shawl
フリルショール

上手に編むのがとても簡単なので、誰でも作れるショールです。
無地でもカラフルでも、女性でも男性でも、このショールはいつもすてきに見えます。
好きなサイズに編むことができるので、自分の欲しいサイズで編んでください。

How to make >> p.83

Frill Shawl

Prism Shawl
プリズムショール

とても使いやすい形です。くわえて編み方もとても簡単です。
最初の数段を編んで理解すれば、
編み図なしで好きに編めます。

How to make >> p.75

Lace Basket Shawl
レースバスケットショール

深みのあるすてきな構造の模様が好きで作りました。
レースではかなり珍しい模様で、夏糸にも冬糸にもよく合います。

How to make >> p.86

Zigzag Shawl
ジグザクショール

3/4円ほどの大判でも、モヘアを使っているので
ふわっと軽く暖かいショールです。
くり返しのボーダーがマーリングにはぴったりです。

How to make >> p.88

Hanabira Scarf

花びらスカーフ

花びらのパターンを横向きにして作ったときに
インスピレーションを得てデザインしました。
好奇心からどんな感じになるか見てみたかっただけなのですが、
作ってみるととてもすてきな作品になりました。

How to make >> p.91

All in One
オールインワン

初心者さんに最適な作品です。
興味をそそられる形に、使うときの楽しさもあります。
好きなだけループを作り、小さくしたり大きくしたりしてもOK。
新しいバージョンを作るのが楽しくなります。

How to make >> p.82

Lacy Rib Poncho
レーシーリブポンチョ

ポンチョが大好きです。
冬は暖かく、夏はアクセサリーとしておしゃれに見えます。
首回りから編むようにデザインしたので、
好きなサイズに作ることができます。
冬はタートルネックの襟から編み始めることができます。

How to make >> p.94

Top Down Sweater
トップダウンセーター

セーターはすべてトップダウン、首回りから編んでいます。
こうすることでどんなサイズでも作ることができます。
私にとってトップダウンはセーターを編むのに最適な方法です。

How to make >> p.100

新しくお気に入りの一着。
とても便利で、着るのが楽しみなパンツです。
目数や段数は同じでも、
糸と針の号数を変えることで大きなサイズと
小さなサイズを作っています。
How to make >> p.97

Sweat Pants スウェットパンツ

Marling Ideas
マーリングのアイデア

マーリングは自分で糸の色を作る編み物です。基本的には1本の糸と同じように何でも編めます。左のセーターは余り糸を使ったセーターです。わざと糸端を表に出してフリンジを楽しむデザインにしました。本来なら裏で糸始末をする糸端ですが、こういう遊びがあってもいいのでは？という提案です。左上のスヌードは長い筒状に編んで輪にしたもの。グレーとグラデーション糸のマーリングです。筒状に長く編むので、編み機を使うと早く編めます。

この本に掲載している作品だけでなく、今まで編んだ編み図をマーリングで編んでもOK。違うイメージの作品になるはずです。マーリングは色を作り、色を自由に使う編み物です。

マーリングの基本

マーリングには特別な技術はなく、糸を引き揃えて編むことだけです。
色や変化を楽しむ編み物なので、ぜひ自分の好きな色でチャレンジしてください。

▶ 基本の編み方

ここでは2本で引き揃えをします。糸を2本揃えて編み図通りに編むだけです。糸を割らないこと、1本しか編んでなかったということもあるのできちんと2本を編むようにします。

▶ 糸を変える場合

01 2本のうちオレンジの1本を変えます。オレンジの糸をはずし、新しく薄紫の糸を添わせて2本にします。

02 そのまま編み図通りに編みます。

03 ベースのグレーは同じで途中からオレンジが薄紫に変わった編み地になりました。このように途中でどんどん糸を変更していくのもマーリングの醍醐味です。

針の号数の出し方

1本で編むときは毛糸のラベルに表記されている針の号数で編みますが、
2本、3本で編むときはどうすればよいのでしょう。単純に倍の号数にするのではなく、棒針ゲージで号数を判断します。

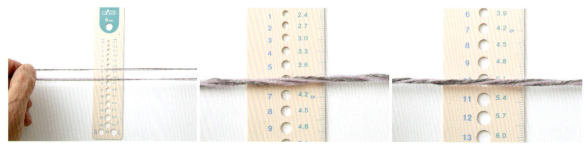

01 編みたい糸を引き揃えて二重にして持ちます。ここでは2本の引き揃えです。

02 4本を軽くねじって1本にし、棒針ゲージの穴の上にあてます。左のように上に少しすき間が空いているくらいがちょうどいいゲージです。この引き揃えでは6～8号がちょうどいい号数になります。右は10号にあてていますが、かなりすき間が空いているので太すぎということになります。

伸縮性のある作り目

指でかける作り目と似ていますが、針を通す位置が違います。

01 指でかける一般的な作り目と同様に1目めを作り、糸を指にかけます。

02 右の針にかかっている目を押さえ、左の親指にかかっている2本の下に針を入れます。

03 親指の向こう側にかかっている糸の上を通して、親指の向こうと手前の間のすき間に針を通して手前に出します。

04 人差し指にかかっている糸の向こう側から引っかけて、針を手前に出します。

05 中心にできる輪にくぐらせて手前に出します。

06 親指の糸をはずします。

07 1本の糸を親指にかけ、親指と人差し指で糸を引きます。これで2目めができました。

08 これをくり返して必要な目数を作ります。

プリズムショールの編み始め

細く長いおもしろい形の三角形の作り方はとても簡単です。
編み図の通り、編み始めの作り目3目からどんどん広がる編み方です。

01 3目作り目を作り、反対返します。

02 かけ目を3目作ります。

03 続けて左の針の目を3目編みます。

04 6目になりました。

05 反対返して、3目かけ目を作ります。

06 続けて3目編みます。

07 次は前の段のかけ目をねじり目で編みます。

08 9目になりました。

09 端まで編んだら反対返してかけ目を3目して端まで編み、また反対返してかけ目を3目して端まで編むことをくり返します。3目ずつ増えるので細く長い三角形ができます。

ジグザグショールの編み始め

針2本で作るセットの作り目、脇の目を拾って編み進める方法を解説します。
編み始めが少し複雑ですが、あとは増やし目と減らし目のくり返しです。

01 針を2本揃えて持ち、1本だけに指でかける作り目の最初の1目を作ります。

02 次にもう1本の針に指でかける作り目を作ります。

03 針に1目ずつ作り目ができました。

04 作り目を交互にくり返します。

05 それぞれの針に3目ずつ作り目ができました。3目1セットの作り目になります。

06 上の目を、反対返して表目で3目、また反対返して表目で3目編みます。これで1セットです。下側の目は編まずに針を通したままにしておきますが、編みづらいときはステッチマーカーなどを通して針を抜いておきます。

07 これをくり返して15段(セットなので30段)編みます。

08 表目を3目編み、脇の目を拾います。針で4目くらいずつ糸を持ち上げて針に通します。

09 拾った目をねじり目で編みます。

ジグザグショールの編み始め

10 拾った4目が編めました。端の作り目から編み進めた3目はそのままです。

11 このように脇から目を拾ってねじり目で15目編みます。

12 ステッチマーカーの目を針に通し、続けて表目で編みます。反対返して3目表目、15目裏目、3目表目で編みます。

13 針を分けると写真のようになります。両端の3目は作り目からでガーター編み、間の15目は脇から拾った目でメリヤス編みに増やし目と減らし目をします。

14 反対返して表目で3目編みます。

15 次はかけ目で増やし目をし、かけ目、表目の順に編み図通りに編みます。

16 ガーターになる3目の手前の目もかけ目をし、3目表目を編みます。

17 反対返して3目表目を編みます。

18 15目裏目、3目表目で編みます。16目増えました。

19 3目表目で編みます。両端の3目はガーター編みになるので、ステッチマーカーを入れておくとわかりやすいです。

20 かけ目で増やし目をしたら、次は中上3目一度で減らし目をします。左の2目に、左から右に針を入れて編まずに右の針にうつします。

21 3目めは表目で編みます。

22 うつした2目に左の針を入れ、編んだ目にかぶせます。

23 かけ目、中上3目一度、かけ目、表目をくり返し、最後の3目はガーター編みをします。これで目数は変わりません。反対返して表目と裏目で編みます。この4段を1セットとして16目ずつ好みの大きさまで増やしていきます。

ポンポンの作り方

リング（ワッシャー）で作るポンポンの作り方です。
リングは厚紙で好きな大きさに作っても大丈夫です。

01 リングを2枚用意し、とじ針に2本取りの糸を通して4本にします。

02 リングを重ね、穴に糸を通してぐるぐると順番に巻きつけます。

03 途中で色を変えたい場合は、新しい糸をとじ針に通し、同様にリングに巻きつけます。

04 中心の穴が埋まるくらいまで糸を巻きます。

05 脇からリングの間にはさみを入れて少しずつカットします。

06 リングの間に2本取りの糸を通して二重に巻き、しっかりと結びます。

07 リングをはずします。

08 飛び出ている糸をカットして丸く揃えれば完成です。

How to make

作品の編み方と作り方

・図中の数字の単位はcmです。
・作品の出来上がりは、図の寸法と差の出ることがあります。
・糸はメーカー名、商品名、色番号、色名、必要量の順に表記しています。
・ゲージは必要な作品のみ表記しています。10cm四方の中の目数と段数をあらわしています。
・材料は足りる分量を表記していますが、少し多めの分量をご用意ください。ソックスなどは1組分です。
　好みの大きさや、糸のきりのいいところまで編むとよいでしょう。
・編み方は56ページからも参照してください。

製図と編み図について

【編み図】
編み目記号を表示した図で1マスが1目1段です。編み地を表側から見た状態の記号なので、輪に編むときはずっと表を見て編むので記号通り、往復編みで編むときは編み地の向きが変わるので奇数は表側、偶数は裏側を見ながら編みます。裏側は記号と逆の目(記号が表目なら編むのは裏目)を編みます。同じ記号をくり返すときは波線で図の省略をしています。ページをまたぐときは合印で続きを表示しています。

【製図】
図の中に編み始めの方法、編み地の種類、編み進む方向、段数などを書き込んでいます。編み図と合わせてご覧ください。

何段で色を変えるかの表も掲載しています。色や色の変化は好みで自由に編んでください。

バナナソックス

出来上がり寸法　長さ55cm ぐるり20cm

▶ 道具と材料

糸
青：Samba ソウォ　A #4222（青）2玉（100g）
Samba ユニ　B #800（natur）2玉（100g）
オレンジ：SCHOPPEL アドミラルツィードブント　A #980（natur）1玉（80g）
SCHOPPEL ザウバーボールクレイジー　B #2472（orangery）1玉（80g）

針
5本針4号

▶ 編み方と作り方

① 2本の引き揃えにして一般的な作り目（伸縮性のある作り目でもよい）で60目作り目をして輪にする。
② 2目ゴム編みを20段（オレンジは10段）編む。
③ 12段1模様を9.5回114段（好きな回数だけ）くり返して編む。
④ つま先を減らし目をしながら22段編み、残った8目に糸を通して絞り、穴をとじる。

※好みの長さとサイズで編む。

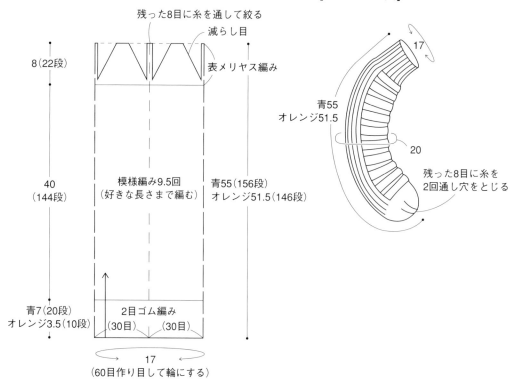

【配色順】

青　2本を引き揃える

段数	糸色
作り目〜156	AB

オレンジ　2本を引き揃える

段数	糸色
作り目〜146	AB

【編み図】

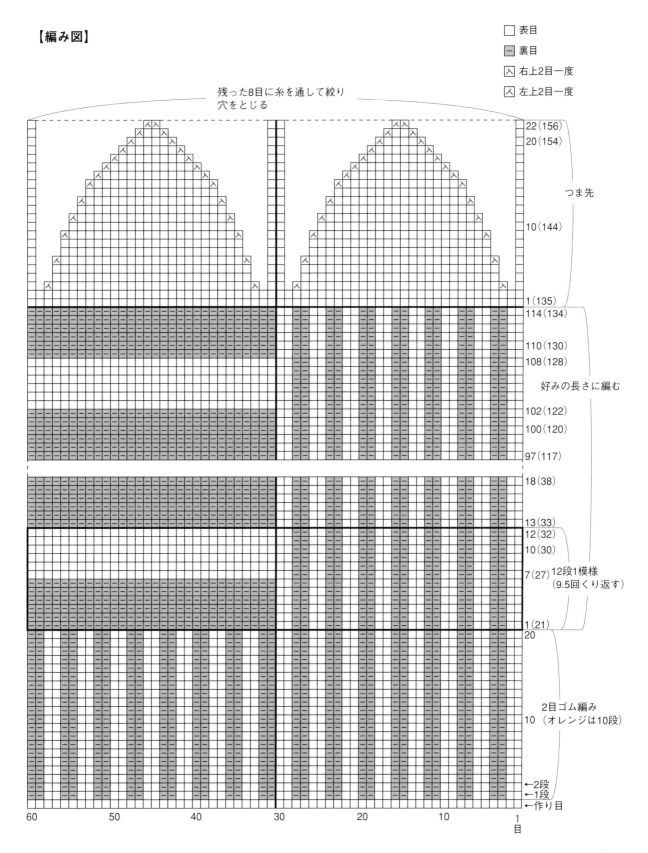

バナナ帽子

出来上がり寸法　頭回り42cm

▶道具と材料

糸
オレンジ：パピー ニュー3PLY　A #333（グレー）2玉（80g）、B #373（蛍光オレンジ）2玉（80g）
黄色：パピー ニュー4PLY　A #472（蛍光黄色）2玉（80g）、B #424（黒）2玉（80g）、C #446（濃グレー）2玉（80g）、D #445（グレー）2玉（80g）
ボルドー：パピー ニュー2PLY　A #233（グレー）1玉（25g）、B #220（ボルドー）1玉（25g）、C #219（赤紫）1玉（25g）、D #237（ピンク）1玉（25g）、E #202（白）1玉（25g）、F #204（薄ピンク）1玉（25g）

針　輪針5号

▶編み方と作り方

①2～4本の引き揃えにして一般的な作り目（伸縮性のある作り目でもよい）で140目作り目をして輪にする。
②2目ゴム編みを25段編む。
③12段1模様を5.5回66段（好きな回数だけ）くり返して編む。
④てっぺんを減らし目をしながら21段編み、残った7目に糸を通して絞り、穴をとじる。
⑤ポンポンを作り（62ページ参照。直径2.6cm穴の直径1.2cmのリングを使う）、頂点につける。

【編み図】

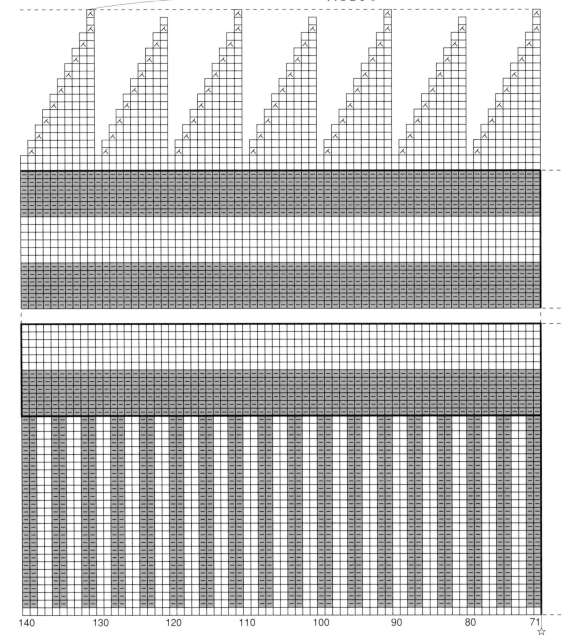

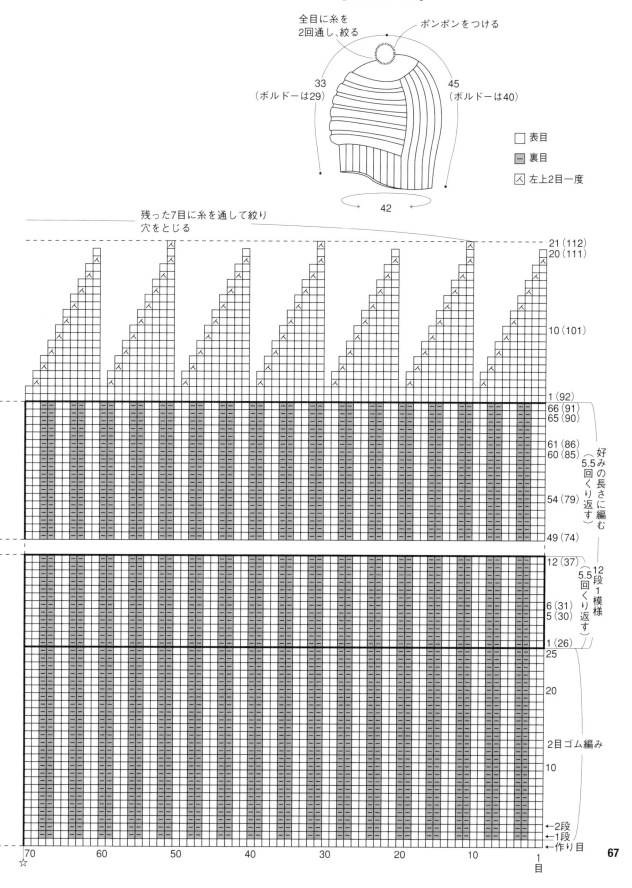

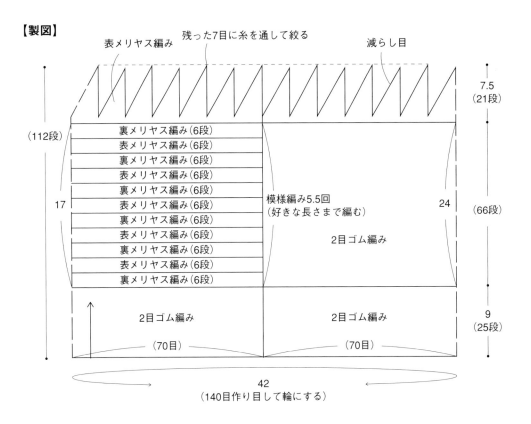

【配色順】

オレンジ　　3本を引き揃える

段数	糸色
86～112	BBB
56～85	ABB
29～55	AAB
作り目～28	AAA

黄色　　2本を引き揃える

段数	糸色
74～112	AD
38～73	AC
作り目～37	AB

ボルドー

段数	糸色
45～49	BCCC
40～44	BBCC
33～39	BBBC
31～32	ABBC
26～30	ABBB
19～25	AABB
12～18	AAAB
作り目～11	AAAA

　　4本を引き揃える

段数	糸色
108～112	EEEE
101～107	EEEF
93～100	EEFF
83～92	DEEE
77～82	DDEE
72～76	DEEE
69～71	CDDE
64～68	CDDD
57～63	CCDD
50～56	CCCD

バナナショール

出来上がり寸法　しましま30×116cm

▶ 道具と材料

糸
黄色：SCHOPPEL アドミラール プロシャドウ A #2372（Gooseberry）1玉（100g）
SCHOPPEL クレイジーペアレン B #2587（Omnichord）1玉（100g）
しましま：パピー ブリティッシュファイン A #010（薄グレー）2玉（50g）、B #012（チャコールグレー）2玉（50g）、C #092（シアン）1玉（25g）、D #086（蛍光黄色）1玉（25g）、E #074（水色）1玉（25g）
ピンク：SCHOPPEL アドミラール プロシャドウ A #2380（Porcellain）1玉（100g）
SCHOPPEL クレイジーペアレン B #2586（Octobass）1玉（100g）
黒：SCHOPPEL アドミラルツィード ブント A #880（黒）1玉（100g）
SCHOPPEL ザウバーボール クレイジー B #1564（Tropical Fish）1玉（100g）

針
黄色、ピンク、黒：輪針（もしくは棒針）5号
しましま：輪針（もしくは棒針）8号

▶ 編み方と作り方

①2本の引き揃えにして一般的な作り目で58目作り目をする。
②編み図通りに編み、6段1模様を好きな回数だけくり返して編む。
③伏せ止めをする。
※糸のきりのよいところまで編むなど、長さは好みで編む。
※サイズは黄色30×108cm、ピンク27×108cm、黒28×108cm。

【配色順】

しましま　　2本で引き揃える

段数	糸色
247～285	AB
217～246	AC
187～216	AB
157～186	AE
127～156	AB
97～126	AD
67～96	AB
37～66	AC
作り目～36	AB

※しましま以外はABを引き揃える

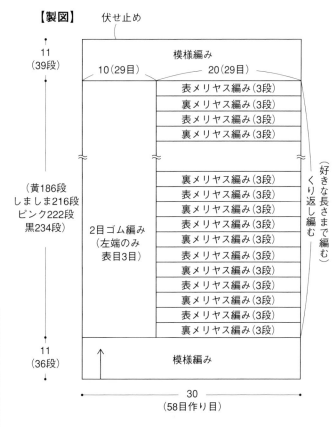

【出来上がり図】

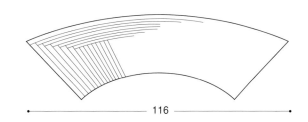

[編み図]

□ 表目
■ 裏目
● 伏せ止め

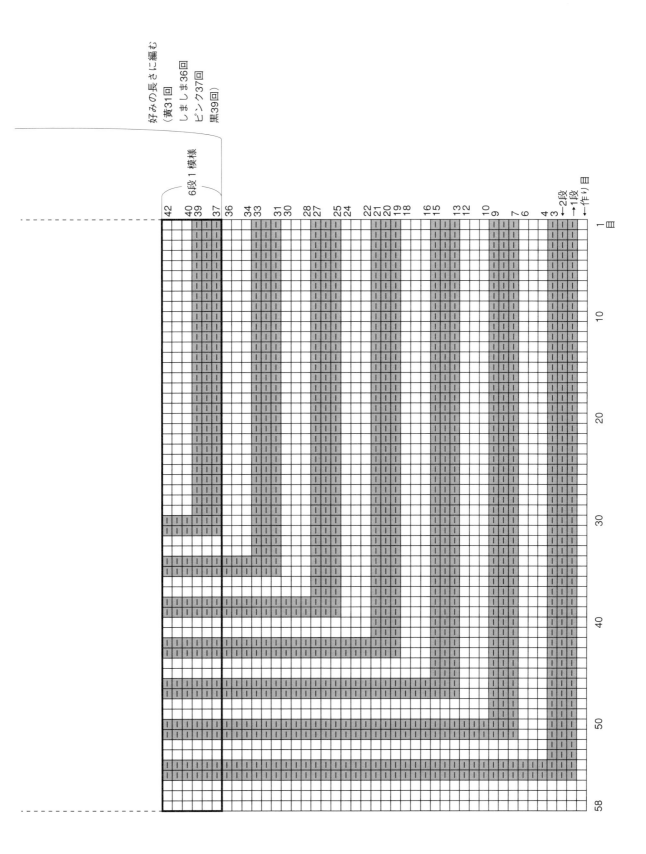

スパイキーバッグ

出来上がり寸法　27×20cm

▶ 道具と材料

糸

赤黒：パピー　ニュー2PLY　A #221（赤）、B #233（グレー）、C #225（黒）各2玉（50g）

紫：パピー　ニュー2PLY　A #241（薄紫）、B #256（紫）各2玉（50g）

赤オレンジ：パピー　キッドモヘアファイン　A #54（薄グレー）2玉（40g）

パピー　ニュー4PLY　B #475（薄オレンジ）、C #477（ショッキングピンク）、D #459（真紅）各1玉（40g）

紺グレー：パピー　キッドモヘアファイン　A#36（赤）2玉（40g）

パピー　ニュー4PLY　B#463（薄グレー）、C#422（ナス紺）各1玉（40g）

その他

直径0.3～0.4cmひも長さ150cm

針

輪針3号

▶ 編み方と作り方

①3本（2本）の引き揃えにして一般的な作り目で160目作り目をして輪にする。

②2段表目で編み、3段目はかけ目と2目一度をして編む。

③4段めから16目18段1模様で111段編む。

④112段めから減らし目をしながら編み、残った10目に糸を通して絞り、穴をとじる。

⑤ひもを通す。

【配色順】

赤黒　　　　　3本を引き揃える

段数	糸色
110～119	CCC
92～109	BCC
74～91	BBC
56～73	ABC
38～55	ABB
20～37	AAB
作り目～19	AAA

紫　　　　　3本を引き揃える

段数	糸色
92～119	BBB
65～91	ABB
38～64	AAB
作り目～37	AAA

赤オレンジ　　　2本を引き揃える

段数	糸色
114～113	DD
65～113	AD
29～64	AC
作り目～28	AB

紺グレー　　　2本を引き揃える

段数	糸色
65～119	AC
作り目～64	AB

【製図】 ※立体で伸縮するためサイズは参考
残った10目に糸を通して絞る

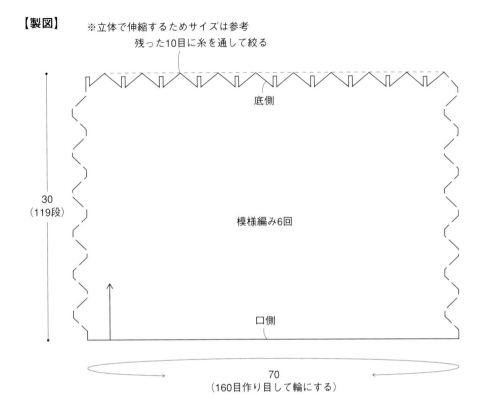

底側

30
(119段)

模様編み6回

口側

70
(160目作り目して輪にする)

【出来上がり図】

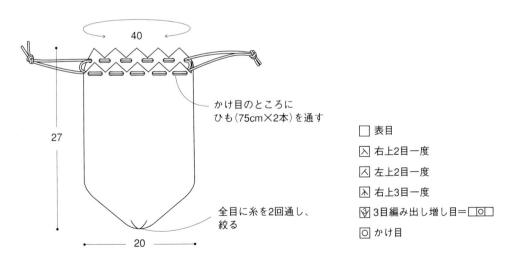

40

かけ目のところに
ひも(75cm×2本)を通す

27

全目に糸を2回通し、
絞る

20

□ 表目
⊠ 右上2目一度
⊠ 左上2目一度
⊠ 右上3目一度
⊠ 3目編み出し増し目＝□○□
○ かけ目

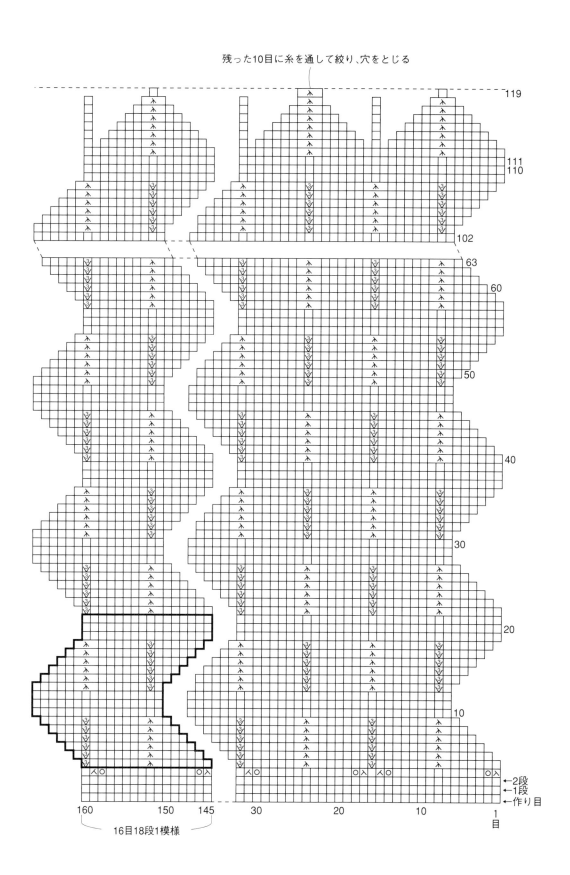

プリズムショール

出来上がり寸法　35×206cm

▶道具と材料

糸
パピー　ニュー4PLY　A #402（白）5玉（200g）
パピー ブリティッシュファイン　B #087（オレンジ）1玉（25g）、C #006（赤）1玉（25g）、D #013（えんじ）1玉（25g）、E #004（ボルドー）1玉（25g）、F #022（こげ茶）1玉（25g）
針
輪針5号
ゲージ
20.5目40段

▶編み方と作り方

①2本の引き揃えにして一般的な作り目で3目作り目をする。
②3目かけ目をして編み、次の段でまた3目かけ目をして編み、前段のかけ目部分はねじり目で編む。これを好みの段数までくり返す。58ページを参照。
③伏せ止めをする。
※好みの長さとサイズで編む。

【製図】

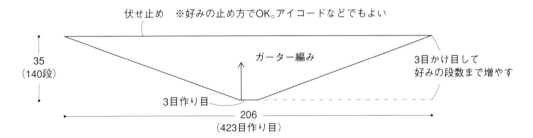

【配色順】

2本の引き揃え

段数	糸色
131〜140	AF
113〜130	AE
92〜112	AD
66〜91	AC
作り目〜65	AB

【編み図】

3目かけ目して好みの段数まで増やす

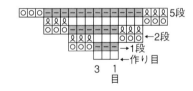

□ 表目
■ 裏目
◯ かけ目
図 ねじり目

縞模様のスヌード

出来上がり寸法　長さ大51(小30) cm ぐるり大62(小60) cm

▶ 道具と材料

糸
大：パピー　ニュー4PLY　A #424（黒）3玉（120g)、B #407（薄紫）4玉（160g）
小：パピー　ニュー3PLY　A #356（ベージュ）2玉（80g）、B #303（オフホワイト）2玉（80g）
針
大：輪針5号、小：輪針6号

▶ 編み方と作り方

① 2本の引き揃えにして一般的な作り目（伸縮性のある作り目でもよい）で150目作り目をして輪にする。
② 1目ゴム編みを10段編む。
③ 21段1模様を大は5.5回116段、小は3.5回74段（好きな回数だけ）くり返して編む。
④ 1目ゴム編みを10段編む。
⑤ 伏せ止めをする。

※糸のきりのよいところまで編むなど、長さは好みで編む。

【製図】

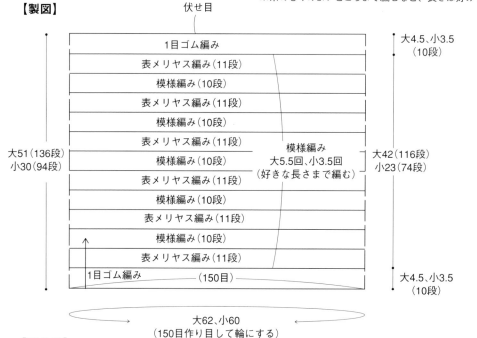

【配色順】

大

段数	糸色
126〜136	AA
116〜125	AB
105〜115	BB
95〜104	AB
84〜94	BB
74〜83	AB
63〜73	BB
53〜62	AB
42〜52	BB
32〜41	AB
21〜31	BB
11〜20	AB
作り目〜10	AA

小

段数	糸色
84〜94	AA
74〜83	AB
63〜73	BB
53〜62	AB
42〜52	BB
32〜41	AB
21〜31	BB
11〜20	AB
作り目〜10	AA

※かのこ編みの前に同じ色をメリヤス編みで編んでおくと、色のつながりがきれい

【出来上がり図】

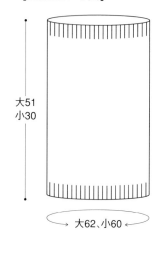

【編み図】

- □ 表目
- ▭ 裏目
- ● 伏せ目

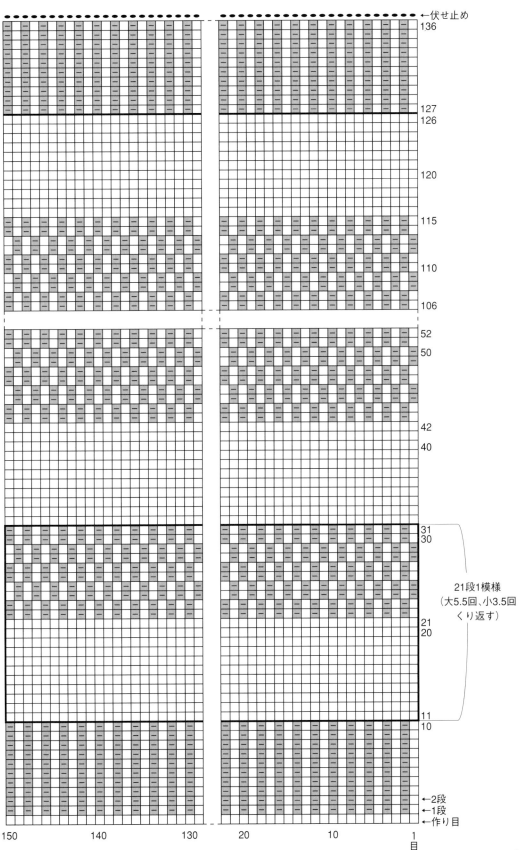

ペレリーヌ

出来上がり寸法　長さ72cm首回り64cm

▶道具と材料

糸
ヤナギヤーン：恋する毛糸合太　A #701（ホワイト）3玉（120g）
SCHOPPEL：ザウバーウォレ　B #1702（Small Tortoiseshell）2玉（150g）

針
輪針8号

▶編み方と作り方

①2本の引き揃えにして一般的な作り目（伸縮性のある作り目でもよい）で300目作り目をして輪にする。
②2段4目1模様で減らし目をしながら92段編む。
③93段めから2段4目1模様で30段編む。
④伏せ止めをする。
※好みの長さとサイズで編む。

【製図】

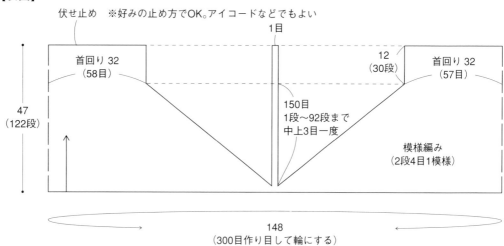

【配色順】　2本を引き揃える

段数	糸色
作り目～122	AB

【出来上がり図】

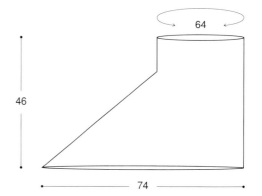

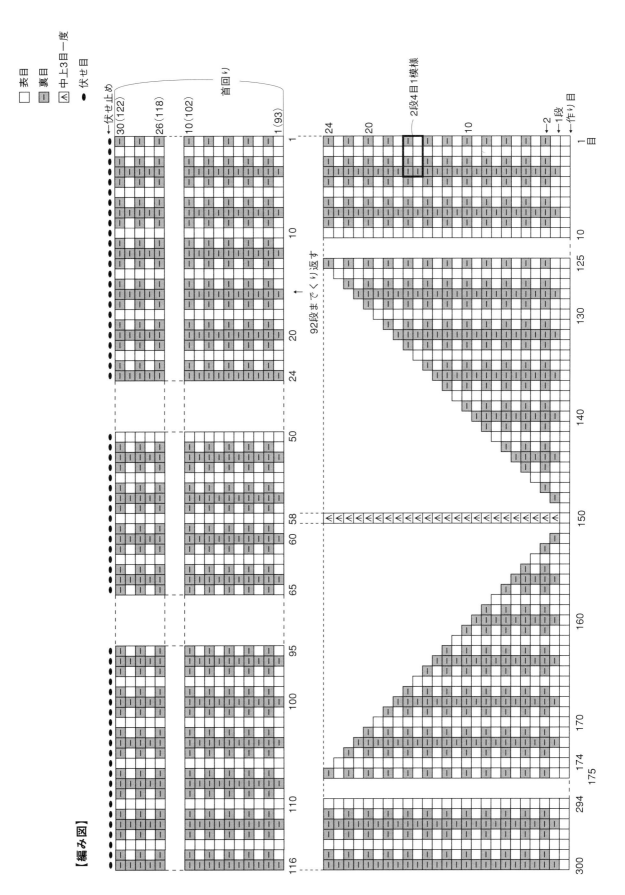

Onigiri Snood

P.32 おにぎりスヌード　　出来上がり寸法　長さ24cm ぐるり81cm 首回り42cm

▶ 道具と材料

糸
赤：パピー ニュー2PLY　A #225（黒）、B #233（グレー）、C #221（赤）各1玉（25g）
ベージュ：パピー ニュー2PLY　A #259（青緑）1玉（25g）
パピー ニュー4PLY　B #475（薄オレンジ）2玉（80g）
針
輪針3号

▶ 編み方と作り方

①3本(2本)の引き揃えにして一般的な作り目(伸縮性のある作り目でもよい)で192目作り目をして輪にする。
②64目1模様で編み図を3回くり返して85段(好みの段数だけ)編む。
③伏せ止めをする。

【製図】

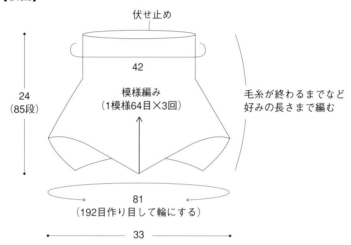

【配色順】　2本または3本の引き揃え

段数	糸色
作り目〜85	ABC（AB）

【出来上がり図】

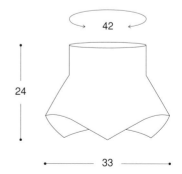

【編み図】

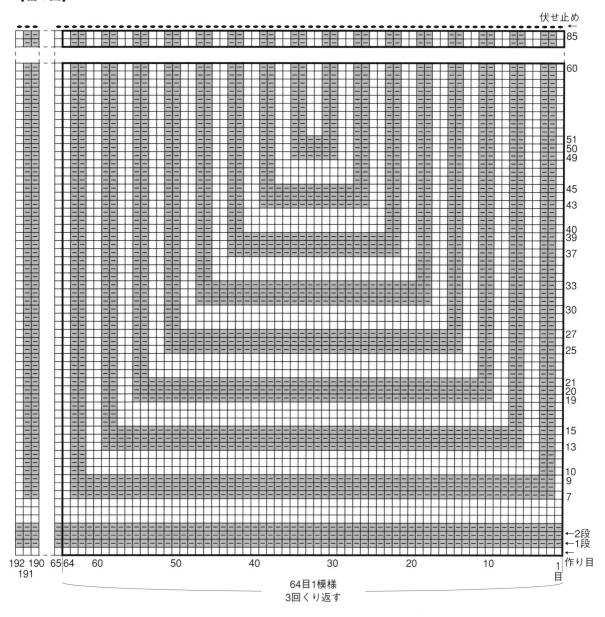

□ 表目
■ 裏目
● 伏せ目

オールインワン

P.46 / All in One

出来上がり寸法　1本 78cm

▶ 道具と材料

糸
パピー ニュー4PLY　A #424（黒）3玉（120g）、B #404（薄青）、C #407（薄紫）、D #448（薄黄色）、E #451（緑）、F #445（グレー）、G #405（水色）、H #402（白）、I #476（オレンジ）、J #472（蛍光黄色）各1玉（40g）

針
輪針5号

▶ 編み方と作り方

①2本の引き揃えにして一般的な作り目（伸縮性のある作り目でもよい）で140目作り目をして輪にする。
②裏メリヤス編みと表メリヤス編みでそれぞれ8段ずつ編む。
③伏せ止めをする。
④次のループをそれぞれ通しながら編む。
※1玉を使い切るまで編むとよい。段数を変えてもよい。

【製図】

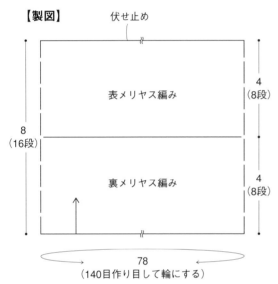

【配色順】

2本を引き揃える

段数	糸色
作り目〜16	A＋各色（B〜J）

【編み方図】

①ループ1
　一般的な作り目を140目作り、編み図通りにループ1を編む
②ループ2
　一般的な作り目を140目作り、ループ1に作り目を通し、編み図の通りに編む
③ループ3〜9
　一般的な作り目を140目作り、すべてのループに作り目を通し、編み図の通りに編む

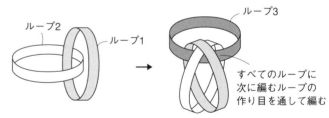

【編み図】

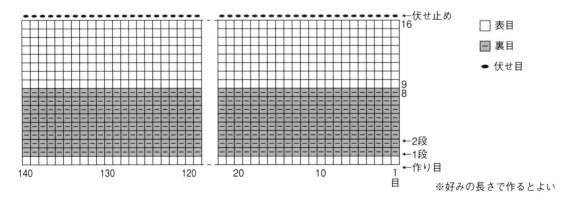

※好みの長さで作るとよい

フリルショール

出来上がり寸法　45×175cm

▶ 道具と材料
糸
パピー ニュー4PLY　A #463(薄グレー) 4玉(160g)、B #471(黄色)、C #472(蛍光黄色)、D #476(オレンジ)、E #474(深緑)、F #459(赤)、G #464(青)、H #475(薄オレンジ)、I #404(薄青)、J #448(薄黄色)、K #451(緑)、L #470(オーカー)、M #477(ショッキングピンク)、N #402(白)、O #412(薄ピンク)、P #405(水色)、Q #407(薄紫) 各1玉(10g)
※白いショールは、パピーのコットンコナファイン#301、パピーリネン100#901、ピマデニム#200、コットンコナ#01にそれぞれいろいろな白い糸を合わせて編む

針
輪針5号

ゲージ
18目38段

▶ 編み方と作り方
①2本の引き揃えにして一般的な作り目で3目作り目をする。
②編み図の通りに2目ずつ増やし目をしながら36模様めまで編む。
③37模様めから2目ずつ減らし目をしながら編む。
④伏せ止めをする。

Frill Shawl

【製図】

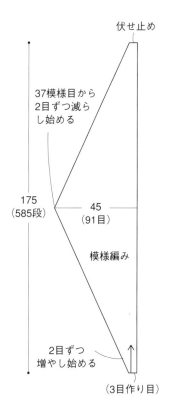

【配色順】　2本を引き揃える

段数	糸色
506〜585	AQ
460〜505	AP
422〜459	AO
390〜421	AN
362〜389	AM
336〜361	AL
312〜335	AK
290〜311	AJ
268〜289	AI
244〜267	AH
218〜243	AG
190〜217	AF
158〜189	AE
122〜157	AD
76〜121	AC
作り目〜75	AB

【編み図】

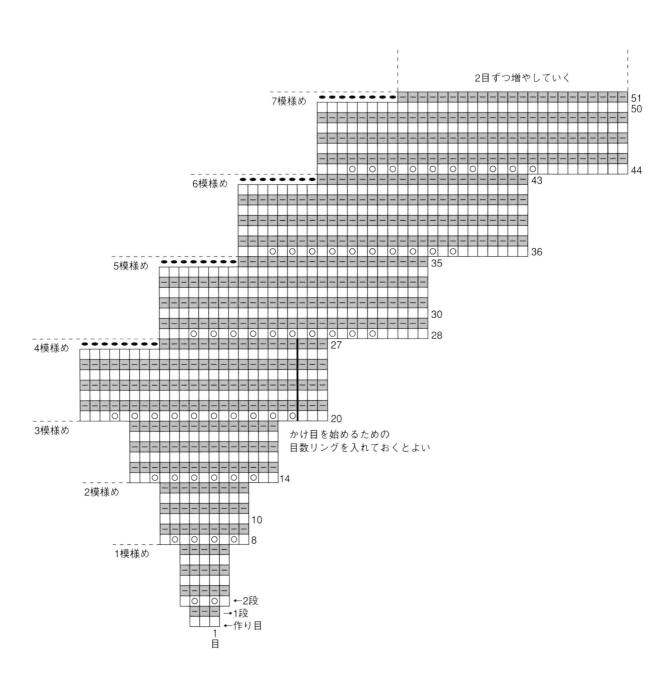

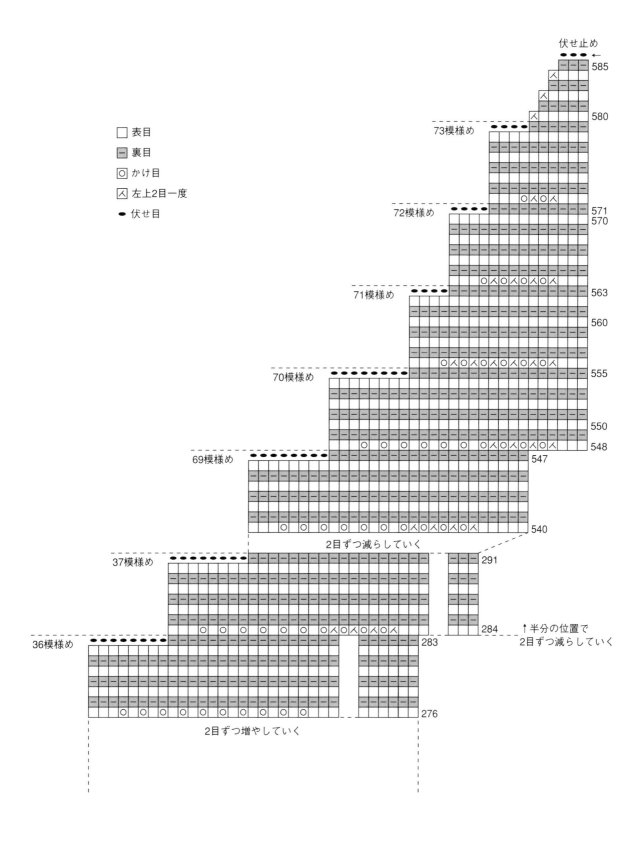

レースバスケットショール

出来上がり寸法　38×183cm

▶道具と材料

糸
パピー　ニュー4PLY　A #470（オーカー）、B #476（オレンジ）、C #475（薄オレンジ）、D #448（薄黄色）、E #471（黄色）各3玉（120g）

針
輪針6号

▶編み方と作り方

①2本の引き揃えにして一般的な作り目（伸縮性のある作り目でもよい）で97目作り目をする。
②3目ゴム編みを7段編む。
③16段1模様を32回512段くり返して編む。
④3目ゴム編みを10段編む。
⑤伏せ止めをする。
※糸のきりのよいところまで編むなど、長さは好みで編む。

【製図】

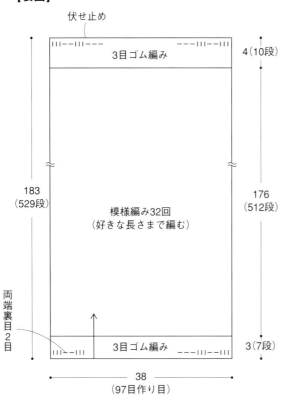

【配色順】

2本を引き揃える

段数	糸色
496～529	AE
464～495	DE
424～463	BD
392～423	BC
352～391	AC
320～351	AD
280～319	DE
248～279	BE
208～247	BC
176～207	AC
136～175	AE
104～135	DE
64～103	CD
32～63	BC
作り目～31	AB

【編み図】

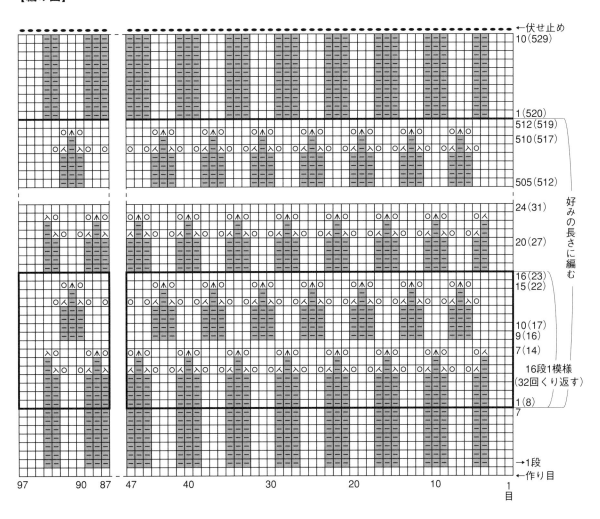

ジグザグショール

出来上がり寸法　85×170cm

▶ 道具と材料

糸
パピー　ニュー2PLY　A #206(グレー) 9玉(216g)
ローワン　キッドシルクヘイズ　B #642(Ghost) 3玉(72g)、C #706(Blue Poppy) 3玉(71g)、D #732(Caramel) 3玉(74g)

針
輪針4号

ゲージ
26目35段

▶ 編み方と作り方

① 59ページを参照して、2本の引き揃えにして3目1セットの作り目をして3目休み目し、3目を30段編む。

② 3目表目で編み、脇の目を15目拾ってねじり目で編む。休み目の3目を表目で編む。反対返して両端の3目ずつは裏目、間の15目は表目で編む。

③ 間の15目は1模様を8回くり返して228段(かけ目で目数が増えながら19回くり返す。好みの回数でよい)編む。両端の3目ずつはずっとガーター編みをする。

④ 最後は編み図通りにかけ目をして増やし目をし、伏せ止めをする。

※好みの長さとサイズで編むとよい。

【配色順】　2本を引き揃える

段数	糸色
229～248	AD
227～228	AC
219～226	AB
217～218	AC
215～216	AD
209～214	AC
207～208	AD
205～206	AC
39～44	AB
37～38	AD
35～36	AC
33～34	AD
27～32	AB
25～26	AC
23～24	AD
17～22	AC
15～16	AD
13～14	AC
作り目～12	AB

茶ガーター20段
7回目 青ボーダー14段
32段×6回くり返す
グレーボーダー18段
青ボーダー14段

【色パターン】

1パターン32段

・青ボーダー＝14段
　青2、茶2、青6、茶2、青2

・グレーボーダー＝18段
　グレー6、茶2、青2、茶2、グレー6

【製図】

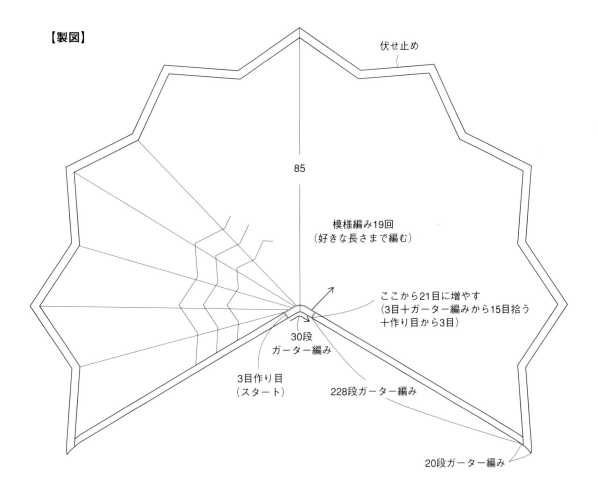

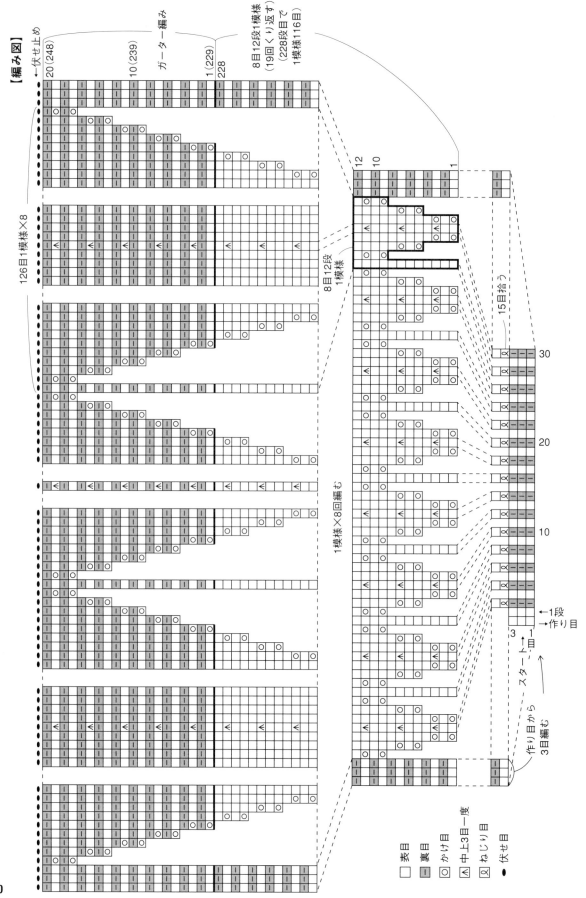

花びらスカーフ

出来上がり寸法　小23×80cm　大33×178cm

▶ 道具と材料

糸
大：SCHOPPEL　ザウバーフラワー　A #2170（Not the Foggiest）1.5玉（225g）
ヤナギヤーン　恋する毛糸並太　B #802（ライトベージュ）10玉（400g）
小：SCHOPPEL　エディション6　A #2598（Undertones）1玉（50g）
ヤナギヤーン　幸　B #4（浅黄）2かせ（100g）

針
大：輪針（棒針）8号　小：輪針（棒針）6号

▶ 編み方と作り方

① 大は3本（ザウバーフラワー2本、恋する毛糸1本）、小は2本の引き揃えにして一般的な作り目で56目作り目をする。
② 編み図通りに編み、72段1模様を好きな回数だけくり返して編む。
③ 伏せ止めをする。

※糸のきりのよいところまで編むなど、長さは好みで編む。

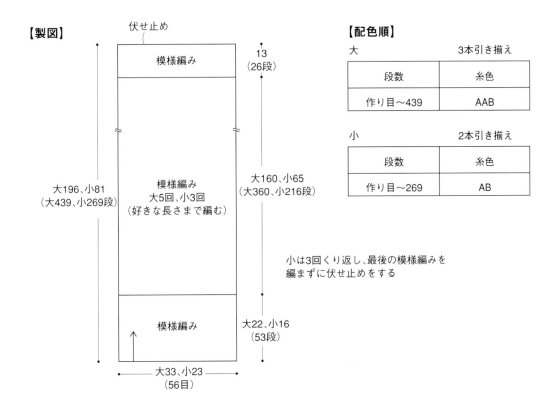

【製図】

伏せ止め

模様編み　13（26段）

模様編み
大5回、小3回
（好きな長さまで編む）

大160、小65
（大360、小216段）

大196、小81
（大439、小269段）

小は3回くり返し、最後の模様編みを編まずに伏せ止めをする

模様編み　大22、小16（53段）

大33、小23（56目）

【配色順】

大　3本引き揃え

段数	糸色
作り目〜439	AAB

小　2本引き揃え

段数	糸色
作り目〜269	AB

【編み図】

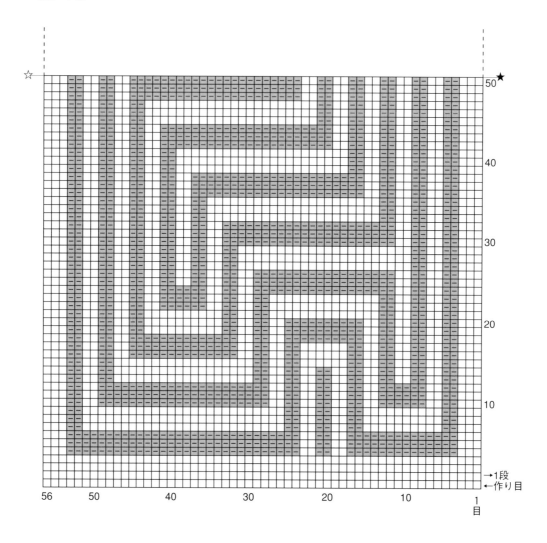

☐ 表目
▨ 裏目
● 伏せ目

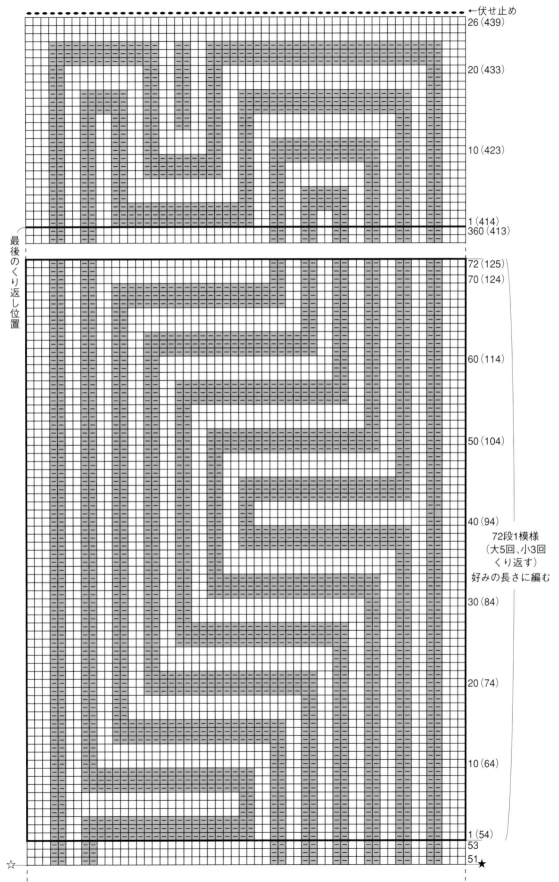

レーシーリブポンチョ

出来上がり寸法　70×93cm 首回り66cm

▶ 道具と材料

糸
saredo　リサイクルドコットン100　A #TURQUOISE 1玉（90g）、B #INDIGO 1玉（70g）、C #VINTAGE LIME 1玉（100g）

針
襟輪針6号、模様輪針8号

▶ 編み方と作り方

① 2本の引き揃えにして一般的な作り目（伸縮性のある作り目でもよい）で112目作り目をして輪にする。

② 1目ゴム編みで7段編み、8段めからかけ目と中上3目一度で模様を編む。中心になる27目と83目で5目編み出し、その前後で減らし目をして71段までくり返す。

③ 80段めから編み図の通りに模様編みをし、中心では81段めで5目、83段めで3目編み出す。

④ 85段まで編み、伏せ止めをする。

※好みの長さとサイズで編むとよい。

【編み図】※増やし目は5目ずつ、最後だけ3目増やす

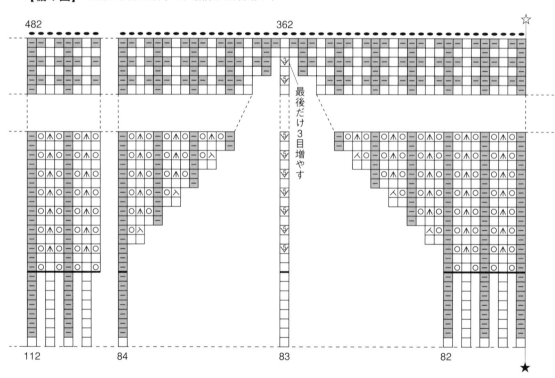

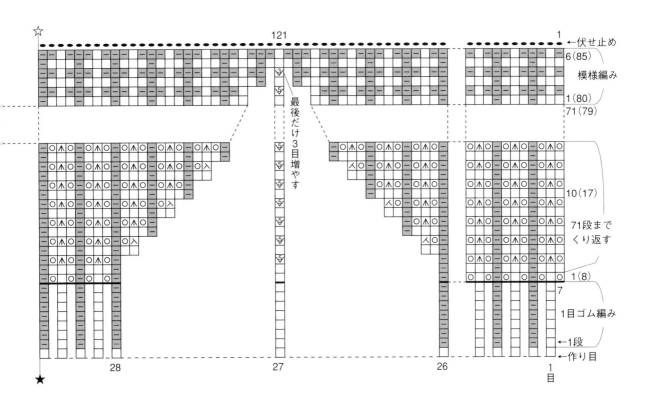

【配色順】 2本を引き揃える

段数	糸色
69〜81	CC
53〜68	BC
37〜52	BB
23〜36	AB
作り目〜22	AA

1ブロック10cmくらいで編む

【出来上がり図】

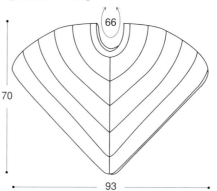

【編み始め】

【製図】

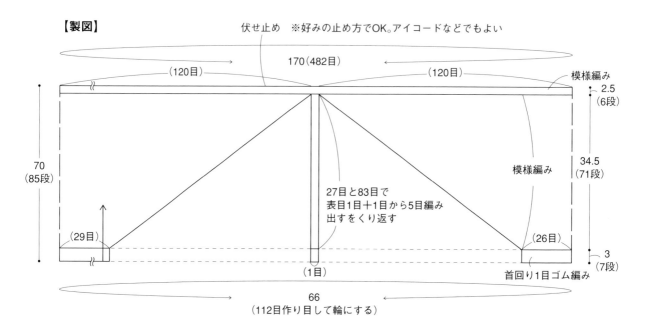

スウェットパンツ

出来上がり寸法　大長さ103(小92)cm ウエスト74cm

▶道具と材料

糸

大：パピー ニュー4PLY　#474（深緑）、#475（薄オレンジ）、#468（ダスティーピンク）、#402（白）、#471（黄色）、#439（ブラッシュピンク）、#419（茶）、#405（水色）、#412（薄ピンク）、#460（赤紫）、#470（オーカー）、#444（ベージュ）、#453（草色）、#452（サンドベージュ）、#456（青緑）、#404（薄青）

小：パピー ニュー3PLY #310（緑青）、#364（薄グレー）、#311（水色）、#307（薄ピンク）、#362（薄紫）、#366（ベビーピンク）、#356（ベージュ）

※色の組み合わせと配色は自由にする。あまり糸で編んでもよい。

その他
幅3.5cm平ゴム85cm

針
大：輪針6号　小：輪針3号

ゲージ
大：20目27段　小：23目32段

▶編み方と作り方

①2本の引き揃えにして別糸の作り目で80目作り目をして輪にする。

②編み図の通りに8段ごとにねじり増し目で増やし目をしながら片足ずつ編む。

③左右の脚の股部分16目をメリヤスはぎではぎ合わせてつなげ、股上をつなげて編む。

④2目ゴム編みをし、輪にした平ゴムをくるんでメリヤスはぎでとじる。

⑤別糸をほどいて2目ゴム編みをし、ゴム編み止めをする。

※編み図は同じで糸と針を変えることでパンツのサイズを変える。

【出来上がり図】

74
おしりまわり 大112、小96
大103 小92

【製図】

ウエスト折り返し位置
半分で折り、平ゴムをはさんでメリヤスはぎ

9（大20段、小30段）
2目ゴム編み

大20.5、小25（82段）

大112、小96（242目）

大67、小54（137目）

183段目でメリヤスはぎ（16目）して輪編みを続ける

大107.5（300段）小97（315段）

大64.5、小57（183段）

メリヤス編み

6（大15段、小20段）
2目ゴム編み
2目ゴム編み止め

増やす（編み図参照）

30
80目作り目
60目拾う

22（60目）

【編み図】

脚編み始め・裾

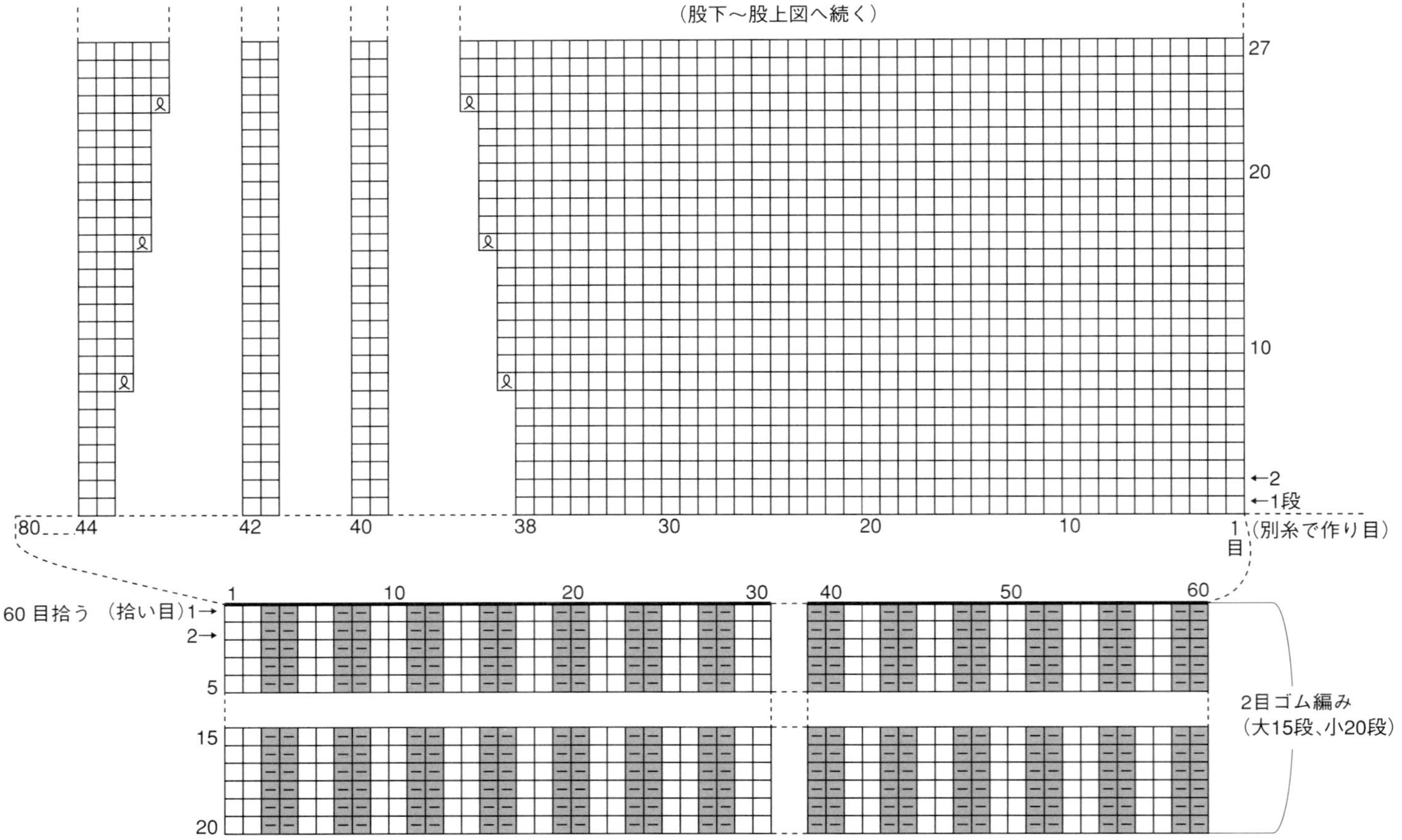

(股下〜股上図へ続く)

1 (別糸で作り目)
1段
→2
→1段

27
20
10
1目

38
30
20
10

40
42
44
80

2目ゴム編み
(大15段、小20段)

60
50
40
30
20
10
1

20
15
5
2→
1→

60 目拾う (拾い目)

98

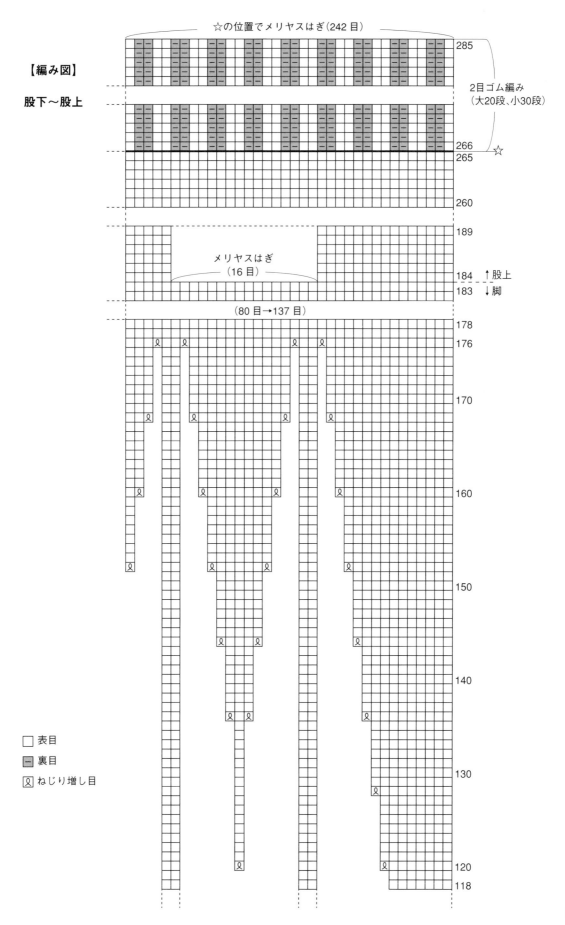

トップダウンセーター

出来上がり寸法　丈53cm 身幅53cm 裄丈59cm

▶ 道具と材料

糸

カラフル：パピー シェットランド　A #32（黒）、B #44（薄グレー）、C #30（グレー）、D #31（濃グレー）各3玉（120g）

パピー ブリティッシュファイン　E #092（シアン）、F #087（蛍光オレンジ）、G #086（蛍光黄色）、H #074（水色）、I #085（蛍光ピンク）各2玉（50g）

えんじ：パピー シェットランド　A #50（白）3玉（120g）、B #44（薄グレー）2玉（80g）、C #32（黒）3玉（120g）

パピー ブリティッシュファイン　D #013（えんじ）5玉（125g）

針

輪針7号、5号

ゲージ

17目25段

▶ 編み方と作り方

①一般的な作り目（伸縮性のある作り目でもよい）で120目作り目をして輪にする。

②1目ゴム編みで15段編み、16段めからメリヤス編みでねじり増し目で増やし目をしながら48段編む。左右の袖は休み目をする。

③後ろ身頃のみ往復編みで4段編み（64～67段め）、68段めは40目編んだら6目かけ目で増やし目をし、前身頃を続けて編む。前身頃も40目編んだら6目かけ目で増やし目をし、そのままぐるぐると後ろ身頃と前身頃を139段めまで編む。

④2目ゴム編みを15段編み、伏せ止め（2目ゴム編み止めでもよい）をする。

⑤袖をそれぞれ、休み目と身頃から8目を拾い、減らし目をしながら159段めまで編む。2目ゴム編みで12段編み、伏せ止め（2目ゴム編み止めでもよい）をする。

※襟や袖口、裾は好みの長さで編むとよい。サイズを変えたいときは、糸と針を変更する。袖口は6号で編んでもよい。

【配色順】

カラフル　2本を引き揃える

前身頃

段数	糸色
136～150（15段）	A（1本）
128～135（8段）	DI
120～127（8段）	DH
112～119（8段）	DG
104～111（8段）	DF
96～103（8段）	DE
88～95（8段）	CI
80～87（8段）	CH
72～79（8段）	CG
64～71（8段）	CF
56～63（8段）	CE
48～55（8段）	BI
40～47（8段）	BH
32～39（8段）	BG
24～31（8段）	BF
16～23（8段）	BE
作り目～15（15段）	A（1本）

後ろ身頃

段数	糸色
140～154（15段）	A（1本）
132～139（8段）	DI
124～131（8段）	DH
116～123（8段）	DG
108～115（8段）	DF
100～107（8段）	DE
92～99（8段）	CI
84～91（8段）	CH
76～83（8段）	CG
68～75（8段）	CF
56～67（12段）	CE
48～55（8段）	BI
40～47（8段）	BH
32～39（8段）	BG
24～31（8段）	BF
16～23（8段）	BE
作り目～15（15段）	A（1本）

袖

段数	糸色
160～174（15段）	A（1本）
152～159（8段）	DG
144～151（8段）	DF
136～143（8段）	DE
128～135（8段）	DI
120～127（8段）	DH
112～119（8段）	DG
104～111（8段）	DF
96～103（8段）	DE
88～95（8段）	CI
80～87（8段）	CH
72～79（8段）	CG
64～71（8段）	CF
56～63（8段）	CE
48～55（8段）	BI
40～47（8段）	BH
32～39（8段）	BG
24～31（8段）	BF
16～23（8段）	BE
作り目～15（15段）	A（1本）

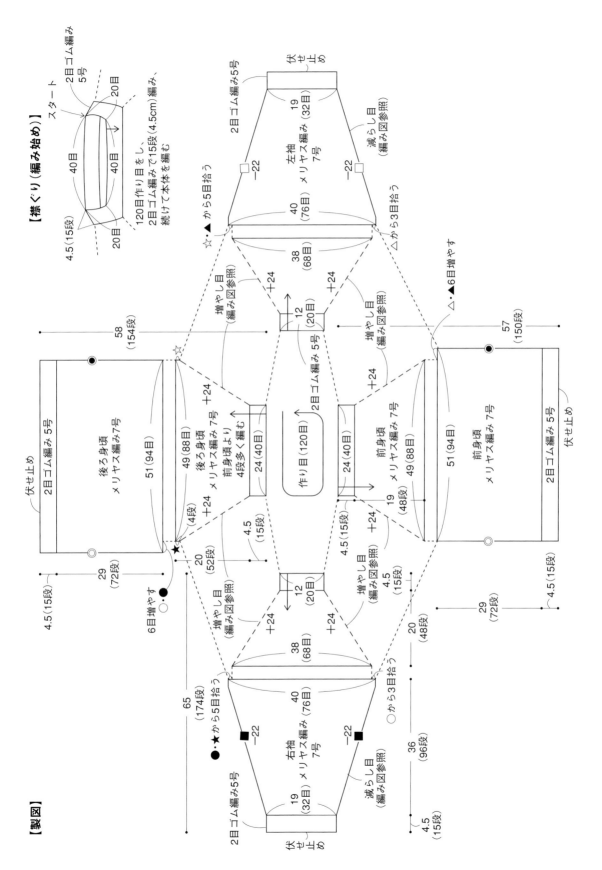

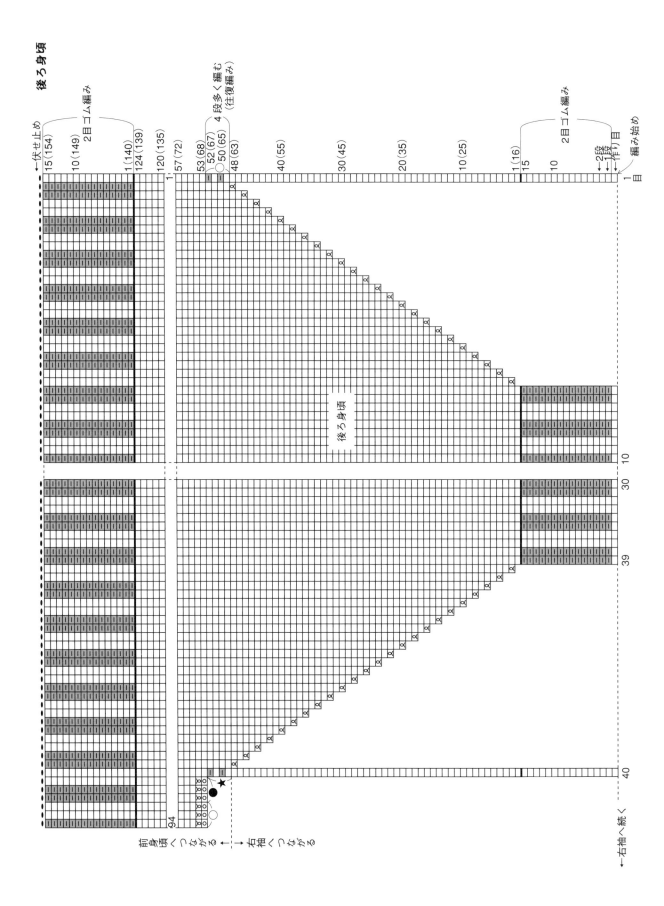

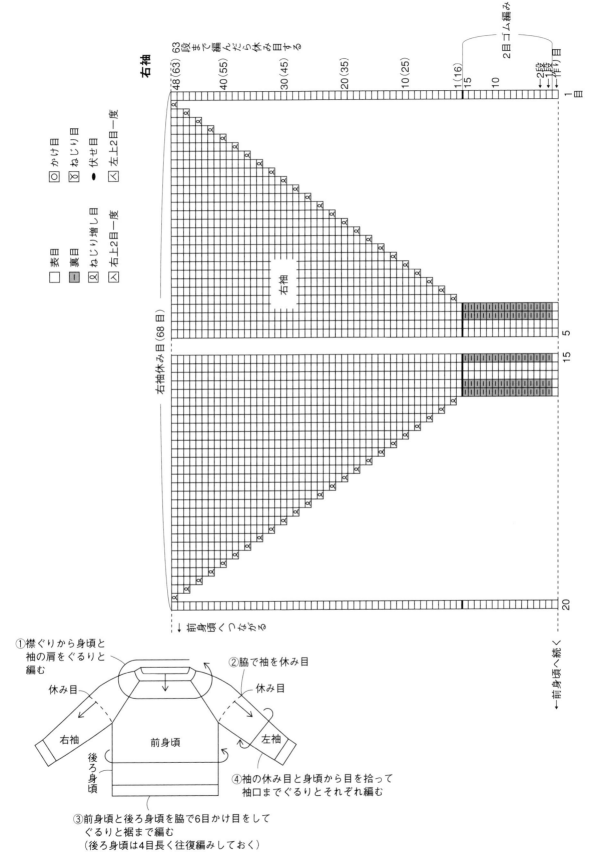

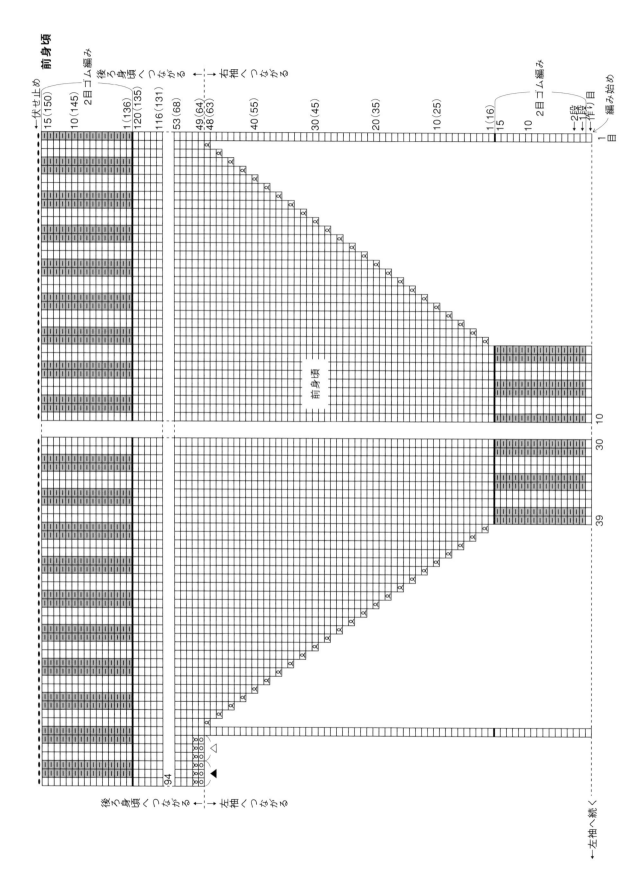

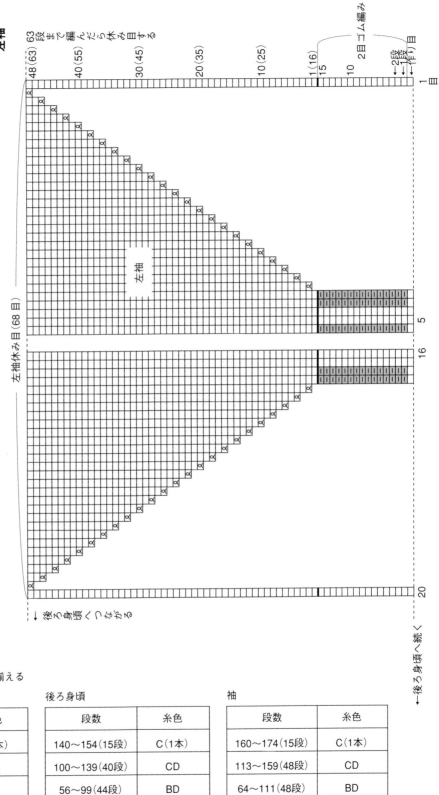

【配色順】

えんじ　2本を引き揃える

前身頃

段数	糸色
136〜150（15段）	C（1本）
96〜135（40段）	CD
56〜95（40段）	BD
16〜55（40段）	AD
作り目〜15（15段）	A（1本）

後ろ身頃

段数	糸色
140〜154（15段）	C（1本）
100〜139（40段）	CD
56〜99（44段）	BD
16〜55（40段）	AD
作り目〜15（15段）	A（1本）

袖

段数	糸色
160〜174（15段）	C（1本）
113〜159（48段）	CD
64〜111（48段）	BD
16〜63（48段）	AD
作り目〜15（15段）	A（1本）

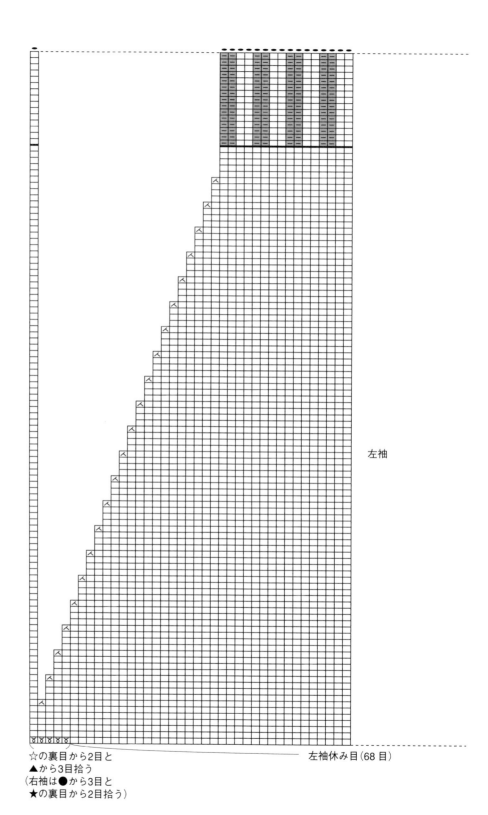

☆の裏目から2目と
▲から3目拾う
(右袖は●から3目と
★の裏目から2目拾う)

左袖休み目(68目)

左袖

袖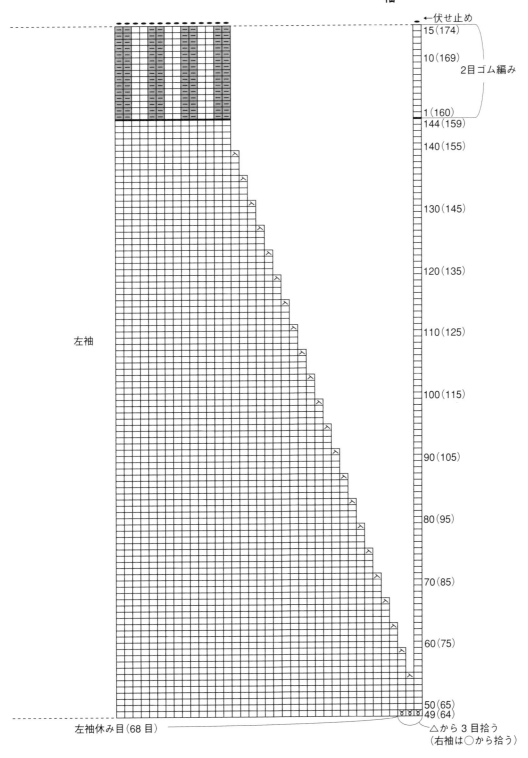

基本の編み方

棒針編みの一般的な作り目

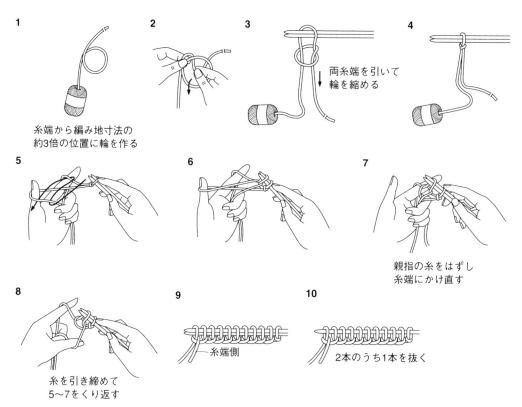

別糸を使って目を作る方法

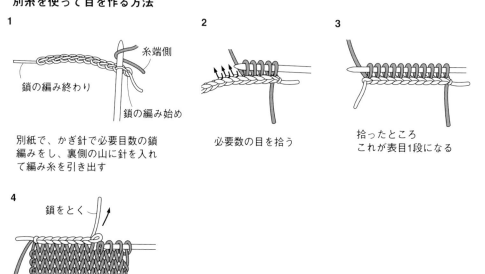

表目 |＝□

1   2   3

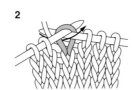 

裏目 －

1   2   3

  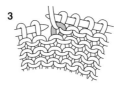

かけ目 ○

1   2 かけ目   3

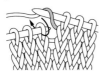 

右針に手前から奥に糸をかけ、次の目を編む　　針に糸がかかり1目増える　　そのまま次の段も編むと、かけ目の部分は穴があく

ねじり目 ♉＝♉

1   2   3

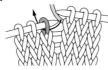  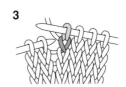

ねじり増し目 ♉

1   2   3

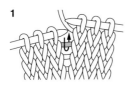 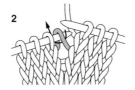 

横に渡った糸をすくう　　すくった糸をかける　　表目を編む

右上2目一度 ☒

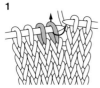

1. 編まずに右針へ移す
2. 表目を編む
4. 移した目をかぶせる

左上2目一度 ☒

 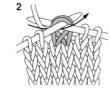 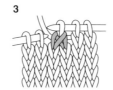

2目一緒に編む

中上3目1度 ⋏

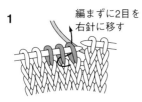  

1. 2目に右針を左側から入れ、編まずに移す / 編まずに2目を右針に移す
2. 表目を編む / かぶせる / 3目めは表目を編み、右針の2目を一緒にかぶせる

右上3目1度 ⋏

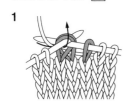  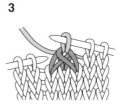

1. 1目を編まずに手前から針を入れて右針に移し、次の2目を一度に表目で編む
2. 左上2目一度 / かぶせる / 編まずに右針に移す / 移した目を編んだ目にかぶせる

編み出し増し目 ⑤ ③

表目、かけ目、表目、かけ目、表目

5目の場合は表目、かけ目、表目、かけ目、表目で、1目から5目編み出す
3目の場合は表目、かけ目、表目で、1目から3目編み出す

伏せ目 ●

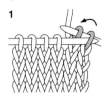
1

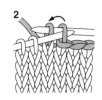
2

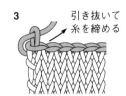
3 引き抜いて糸を締める

2目表目を編んでかぶせる
伏せ止めの場合は、これをくり返す

メリヤスはぎ

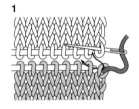
1

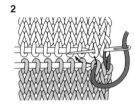
2

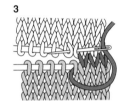
3

2目ゴム編み止め

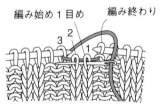
1

編み終わりと編み始めの表目
2目（1、2）をとばし、次の裏目
（3）の手前から針を入れ、表目
2目に針を入れる

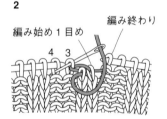
2

裏目（3）の後ろから針を入れ、
4の手前から針を入れる

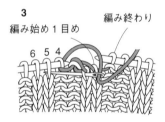
3

表目（2）の前から針を入れ、次の
表目（5）の後ろから針を入れる

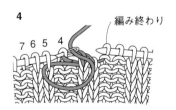
4

4の後ろから針を通し、次の
裏目（7）へ前から針を入れる
1～4をくり返す

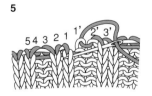
5

終わりは3'の手前から針を
入れ、1目の手前に出す

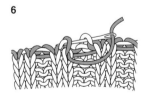
6

止め終わり
1周したら、最初の表目の後ろ
から針を入れ、編み終わりの裏
目1目に針を入れて糸を引く

Profile

Bernd Kestler　ベルンド・ケストラー

ドイツ出身のニット作家。12歳から独学で編み物を始める。1998年に来日。全国各地の教室で編み物の講師を務めている。またオンラインで編み物の発信もしており、世界各国のニッターと繋がっている。バイク好きで、編み物道具と一緒にツーリングに出かけては、先々で編み物をしている。新しい編み方やわかりやすい解説で編み物の普及に努め、新しい可能性について研究している。
著書『ベルンド・ケストラーの表編みと裏編みだけの模様編み120』(日本文芸社)、『ベルンド・ケストラーのモザイク編み』(日本文芸社) 他多数。

https://berndkestler.com
Instagram：@berndkestler

素材協力と入手先

▶毛糸

株式会社ダイドーフォワード
パピー
東京都千代田区外神田3-1-16 ダイドーリミテッドビル3階
tel. 03-3257-7135
https://www.puppyarn.com

株式会社柳屋（ヤナギヤーンとSCHOPPEL）
tel. 058-201-4444
https://www.rakuten.ne.jp/gold/yanagiya

ディー・エム・シー株式会社（ROWAN）
東京都千代田区神田紺屋町13番地 山東ビル7階
tel. 03-5296-7831
http://www.dmc.com

saredo
https://saredo.theshop.jp

Bernd Kestler's Store (Samba)
https://kestler.stores.jp

▶針

Prym
https://prymconsumerasia.com
Instagram：@prymconsumer_japan
mail：pcj.customer@prym.com

本書に掲載されている作品は、お買い上げいただいたみなさまに個人で作って楽しんでいただくためのものです。作者に無断で展示・販売することはご遠慮ください。

Staff

撮影　　福井裕子
デザイン　橘川幹子
作図　　齊藤真理（ATELIER MARIRI.）
モデル　小室弘子　益田安子
　　　　森野美沙子　柳みゆき
編集　　恵中綾子（グラフィック社）

撮影協力

UTUWA
東京都渋谷区千駄ヶ谷3-50-11
明星ビルディング1階
tel. 03-6447-0070

制作協力

作品を編んでくれた皆様にお礼申し上げます。
最後に成田さんへ、
すばらしい作品をありがとうございました。

石口雅代　植原のり子　後藤小志津
後藤敬子　小林優美　櫻井恵子
佐藤眞知子　成田美世子　前田陽子
益田安子　柳みゆき

ベルンド・ケストラーの
マーリング編(あ)み
2本、3本、4本の糸を引き揃えて色を変化させる

2024年9月25日　初版第1刷発行
2025年4月25日　初版第2刷発行

著　者：ベルンド・ケストラー
発行者：津田淳子
発行所：株式会社グラフィック社
　　　　〒102-0073
　　　　東京都千代田区九段北1-14-17
　　　　tel. 03-3263-4318（代表）
　　　　　　 03-3263-4579（編集）
　　　　fax. 03-3263-5297
　　　　https://www.graphicsha.co.jp

印刷製本　TOPPANクロレ株式会社

定価はカバーに表示してあります。
乱丁・落丁本は、小社業務部宛にお送りください。小社送料負担にてお取り替えいたします。
著作権法上、本書掲載の写真・図・文の無断転載・借用・複製は禁じられています。
本書のコピー、スキャン、デジタル化等の無断複製は著作権法上の例外を除き禁じられています。本書を代行業者等の第三者に依頼してスキャンやデジタル化することは、たとえ個人や家庭内での利用であっても著作権法上認められておりません。

©Bernd Kestler 2024 Printed in Japan
ISBN978-4-7661-3735-4　C2077